Wer kontrolliert die Telefonüberwachung?

Bielefelder Rechtsstudien

Schriftenreihe für Gesetzgebungswissenschaft,
Rechtstatsachenforschung und Rechtspolitik

Herausgegeben von
Otto Backes, Stephan Barton,
Gerhard Otte, Martin Stock

Band 17

PETER LANG
Frankfurt am Main · Berlin · Bern · Bruxelles · New York · Oxford · Wien

Otto Backes
Christoph Gusy

Wer kontrolliert die Telefonüberwachung?

Eine empirische Untersuchung zum Richtervorbehalt bei der Telefonüberwachung

Unter Mitarbeit von
Maik Begemann, Siiri Doka und Anja Finke

PETER LANG
Europäischer Verlag der Wissenschaften

Bibliografische Information Der Deutschen Bibliothek
Die Deutsche Bibliothek verzeichnet diese Publikation in der
Deutschen Nationalbibliografie; detaillierte bibliografische
Daten sind im Internet über <http://dnb.ddb.de> abrufbar.

Gedruckt auf alterungsbeständigem,
säurefreiem Papier.

ISSN 0937-0641
ISBN 3-631-51279-1
© Peter Lang GmbH
Europäischer Verlag der Wissenschaften
Frankfurt am Main 2003
Alle Rechte vorbehalten.

Das Werk einschließlich aller seiner Teile ist urheberrechtlich geschützt. Jede Verwertung außerhalb der engen Grenzen des Urheberrechtsgesetzes ist ohne Zustimmung des Verlages unzulässig und strafbar. Das gilt insbesondere für Vervielfältigungen, Übersetzungen, Mikroverfilmungen und die Einspeicherung und Verarbeitung in elektronischen Systemen.

Printed in Germany 1 2 4 5 6 7

www.peterlang.de

Vorwort

Strafprozessuale Ermittlungsmaßnahmen werden vom Gesetzgeber immer häufiger unter Richtervorbehalt gestellt. Der Gesetzgeber verbindet damit die Erwartung, dass die Angemessenheit der mitunter massiv in Grundrechte der Betroffenen eingreifenden Maßnahmen am ehesten von einem objektiv und neutral entscheidenden Richter gewährleistet werden kann.

Die vorliegende Untersuchung überprüft am Beispiel der Telefonüberwachung, ob und inwieweit der Richter bei der Anordnung dieser Maßnahme tatsächlich zu einer eigenständigen Entscheidung imstande ist, so dass der Eingriff messbar und kontrollierbar bleibt. Dabei geht es in der Untersuchung nicht darum, staatsanwaltliche und richterliche Entscheidungen inhaltlich zu überprüfen oder zu kritisieren, vielmehr darum, ihr Zustandekommen nachzuzeichnen und die Abläufe praktischer Zusammenarbeit zwischen den an der Entscheidung Beteiligten so zu dokumentieren, dass die neben dem offiziellen Normprogramm latent existierenden Anwendungsregeln der Praxis sowie ihre richtungsweisende Bedeutung für die Entscheidungen erkannt werden.

Die Untersuchung, die sich auf Erhebungen zur Telefonüberwachung in vier Staatsanwaltsbezirken und auf die Auswertung von drei Jahrgängen stützt, kann und will keine quantitative Repräsentativität für das gesamte Bundesgebiet beanspruchen, obwohl hier dringender Forschungsbedarf besteht. Sie will vielmehr auf Strukturen aufmerksam machen, die, wenn auch jeweils in abgewandelter Form, die Entscheidungen von Ermittlungsrichtern durchgehend und nachhaltig bestimmen und deshalb vom Gesetzgeber bei Reformvorhaben in Rechnung zu stellen sind, wenn er bestimmte Ermittlungsmaßnahmen durch den Richtervorbehalt einer eigenständigen Kontrolle unterwerfen will. Ganz bewusst verzichten wir auf eine eingehende Diskussion und Auswertung unserer Ergebnisse durch uns selbst. Wir hoffen allerdings, dass die erhobenen Befunde eine kritische Auseinandersetzung mit dem Institut des Richtervorbehalts in Gesetzgebung und Rechtsprechung bewirken und eine insbesondere von Knut Amelung und Bernd Asbrock bereits in Gang gebrachte juristische Diskussion um den „Mythos Richtervorbehalt" weiter vorantreiben.

Die Studie wurde von der VW-Stiftung im Rahmen des Schwerpunktes „Recht und Verhalten" finanziell gefördert. Herrn Dr. Hagen Hof möchten wir dafür und wegen seiner stets engagierten persönlichen Anteilnahme am Gelingen unseres Forschungsvorhabens herzlich danken.

Ganz herzlichen Dank sagen wir auch Herrn Dr. Ühlein vom Peter Lang Verlag, der durch prompte und äußerst großzügige Unterstützung die Publikation dieser Studie ermöglicht hat.

Zu danken haben wir auch den Polizeibeamten, Staatsanwälten und Richtern, die sich mit viel Geduld unseren Fragen ausgesetzt und unsere Untersuchung mit viel Entgegenkommen unterstützt haben; dies gilt ganz besonders für Herrn Leitenden Oberstaatsanwalt Henke (jetzt: Düsseldorf). Auch die beteiligten Ministerien bzw. senatorischen Dienststellen für Justiz und Inneres haben stets in unbürokratischer Weise unser Vorhaben gefördert.

Ganz besonders herzlich möchten wir uns bei Frau Margot Matz dafür bedanken, dass sie – wie immer – sorgfältig und zuverlässig das Manuskript und die zahlreichen Graphiken zu einer reproduktionsfähigen Diskette aufgearbeitet hat.

Die wissenschaftlichen Mitarbeiterinnen Verena Damm, Dr. Olivia Lührmann und Birgitta Schönefeld haben an der Durchführung der umfangreichen empirischen Erhebungen teilgenommen. Dafür haben sie einen nicht unerheblichen Teil ihrer Arbeitszeit geopfert und nicht selten auswärtige Termine in Kauf genommen. Auch dafür möchten wir ihnen danken.

Bielefeld, den 14.4.2003

Otto Backes   Christoph Gusy

INHALT

1	Ermittlungsmaßnahmen und Richtervorbehalt	10
2	Gegenstand und Methoden der Untersuchung	10
2.1	Welche Staatsanwaltschaften wurden untersucht?	10
2.2	Welche Jahrgänge wurden untersucht?	11
2.3	Quantitative Aktenanalyse	12
2.4	Qualitative Interviews	13
2.5	Gruppendiskussion	15
2.6	Anonymität	15
3	**Offizielle Statistiken und faktische Anzahl der Telefonüberwachungen**	16
3.1	Wie ist nach der bundeseinheitlichen Regelung zu zählen?	16
3.2	Wurden alle Telefonüberwachungen zu den offiziellen Statistiken gemeldet?	16
3.3	Wird inzwischen zutreffend gezählt?	17
3.4	Welche Zählweise wurde der Untersuchung zugrunde gelegt?	18
3.5	Wurde die Abfrage von Verbindungsdaten in die Untersuchung mit einbezogen?	18
3.6	Wie häufig werden Telefonüberwachungen in den Landgerichtsbezirken angeordnet?	20
3.7	Umfang der Untersuchung	17
4	**Ergebnisse der Untersuchung der gemeldeten Verfahren aus den Jahren 1996, 1997 und 1998**	21
4.1	Wie kommt es zum Einsatz einer Telefonüberwachung?	21
4.1.1	Anfangsverdacht bezogen auf die einzelnen Telefonüberwachungen	21
4.1.2	Anfangsverdacht bezogen auf die einzelnen Verfahren	23
4.2	Wie schnell nach Verfahrensbeginn wird die Telefonüberwachung eingesetzt?	24

4.2	Wie schnell nach Verfahrensbeginn wird die Telefonüberwachung eingesetzt?	24
4.3	Gegen wen richtet sich die Telefonüberwachung üblicherweise?	24
4.4	Wegen welcher Delikte werden Telefonüberwachungen typischerweise angeordnet?	28
4.5	Wird die Telefonüberwachung zur Bekämpfung der Organisierten Kriminalität eingesetzt?	30
4.6	Welcher Nationalität gehören die Tatverdächtigen an?	32
4.7	Welche Rolle spielen Vertrauenspersonen im Ermittlungsverfahren?	35
4.8	Rolle der Verfahrensbeteiligten	37
4.8.1	Rolle der Polizei	37
4.8.2	Rolle der Staatsanwaltschaft	42
4.8.3	Rolle des Richters	44
4.9	Gefahr im Verzug	53
4.9.1	Gründe für die Inanspruchnahme von Gefahr im Verzug	54
4.9.2	Dokumentation der Voraussetzungen von Gefahr im Verzug	56
4.9.3	Vollständigkeit der Eilanordnungen	57
4.10	Dauer der Telefonüberwachung	59
4.11	Wie erfolgreich ist die Telefonüberwachung?	61
4.11.1	Erfolg der Telefonüberwachung nach Einschätzung der Polizei	61
4.11.2	Erfolg der Telefonüberwachung gemessen an der Anklagequote	63
4.11.3	Mittelbare oder unmittelbare Verwertung der Erkenntnisse aus der Telefonüberwachung	66
4.11.4	Einleitung weiterer Ermittlungsverfahren	67
4.11.5	Anklagequote der einzelnen Verfahren	68
4.11.6	Verurteilungsquote	69
4.12	Strafmaß	69
4.13	Benachrichtigung der Betroffenen	71
4.14	Rolle der Verteidigung	73

5	**Auswertung der Interviews**	73
5.1	Auswertung der Interviews mit den Polizeibeamten	73
5.1.1	Verfahrensmäßiger Ablauf einer Telefonüberwachung	73
5.1.2	Ablehnung	75
5.1.3	Akzeptanz der staatsanwaltschaftlichen Entscheidung	76
5.1.4	Ablehnungen durch den Richter	77
5.1.5	Aktenkenntnis	78
5.1.6	Rückfragen	78
5.1.7	Eilanordnungen	79
5.1.8	Häufigkeit	80
5.1.9	Erfolg	80
5.1.10	Zusammenarbeit mit der Staatsanwaltschaft	81
5.1.11	Zusammenarbeit mit Ermittlungsrichtern	83
5.2	Auswertung der Interviews mit den Staatsanwälten	88
5.2.1	Verfahrensmäßiger Ablauf einer Telefonüberwachung	88
5.2.2	Ablehnung	90
5.2.3	Ablehnungen durch den Richter	91
5.2.4	Eilanordnungen	91
5.2.5	Erfolg	93
5.2.6	Benachrichtigung der Betroffenen	95
5.2.7	Meldung	97
5.2.8	Zusammenarbeit	99
5.2.9	Zusammenarbeit mit den Ermittlungsrichtern	104
5.3	Interviewergebnisse der Ermittlungen	108
5.3.1.	Ablauf der Telefonüberwachung	108
5.3.2	Häufigkeit	109
5.3.3	Ablehnung	109
5.3.4	Eilanordnung	110
5.3.5	Erfolg	111
5.3.6	Zusammenarbeit mit der Staatsanwaltschaft	111
6	**Tagung**	114
7	**Zusammenfassung der Ergebnisse**	123

1 Ermittlungsmaßnahmen und Richtervorbehalt

Die Strafprozessordnung legt die „normalen" Ermittlungshandlungen in Strafsachen wie z.B. Zeugenvernehmungen in die Hände von Staatsanwaltschaft und Polizei. Bei invasiveren Ermittlungsmaßnahmen aber, die stärker in die Grundrechtspositionen von Betroffenen eindringen wie z.b. Telefonüberwachung oder Durchsuchung, muss der Staatsanwalt die Anordnung der Maßnahme beim Ermittlungsrichter beantragen (*Richtervorbehalt*); nur ausnahmsweise – bei Vorliegen von „Gefahr im Verzug" – kann hier der Staatsanwalt (bei Durchsuchungen auch die Polizei) unmittelbar tätig werden; hat der Staatsanwalt die Telefonüberwachung angeordnet, so muss er sich die angeordnete Maßnahme innerhalb von drei Tagen vom Richter bestätigen lassen.

Durch die Einschaltung des Ermittlungsrichters will der Gesetzgeber erreichen, dass dieser als neutrale Instanz die Belange der von der Maßnahme betroffenen Personen *eigenständig* prüft und dass der durch die Maßnahme erfolgende Grundrechtseingriff „messbar und kontrollierbar" bleibt.

2 Gegenstand und Methoden der Untersuchung

Der vorgelegte Bericht bezieht sich nur auf die Untersuchung zum Richtervorbehalt im Zusammenhang mit *Telefonüberwachungen*.[1]

2.1 Welche Staatsanwaltschaften wurden untersucht?

Für die Erhebung wurden vier Staatsanwaltschaften in Nordrhein-Westfalen sowie – zum Vergleich – die Staatsanwaltschaft eines Stadtstaates ausgewählt. Mit dieser Auswahl wird unterschiedlichen Kriminalitätsstrukturen Rechnung getragen, wobei zwei von großstädtischen Strukturen geprägte sowie zwei eher ländlich strukturierte LG-Bezirke aus NRW Eingang in die Untersuchung fanden. Ferner bietet die Einbeziehung eines Stadtstaates aufgrund des spezifischen Kriminalitätsgefüges einen weiteren Vergleich zum Flächenstaat NRW.

Eine Totalerhebung für einzelne Staatsanwaltschaften bot gegenüber einer Stichprobenziehung in ganz Nordrhein-Westfalen den Vorteil, dass auf diese Weise eine in die Tiefe gehende Analyse der Handlungs- und Kommunikationsstrukturen sowie ein Vergleich der einzelnen Abteilungen untereinander möglich wurde.

---

[1] Die Datenerhebungen zum „Richtervorbehalt bei Durchsuchungen" sind ebenso wie der Komplex „V-Leute" abgeschlossen; sie werden im Sommer 2003 von den Projektmitarbeiterinnen *Doka* und *Finke* in ihren Dissertationen ausgewertet und publiziert.

Im Verlauf unserer Untersuchung mussten wir allerdings feststellen, dass eine der nordrhein-westfälischen Staatsanwaltschaften nicht nur – wie vorgeschrieben – die Telefonüberwachungsprotokolle vernichtet hatte, sondern auch die staatsanwaltschaftlichen Anträge und richterlichen Beschlüsse. Dementsprechend wurde diese Staatsanwaltschaft von der vergleichenden Untersuchung ausgenommen; für sie wurde eine gesonderte Auswertung in Betracht gezogen.

Die Untersuchung erhebt nicht den Anspruch, quantitative oder repräsentative Aussagen für das gesamte Bundesgebiet oder auch nur für das Land Nordrhein-Westfalen treffen zu können. Auch „Hochrechnungen" auf der Basis unserer explorativen Untersuchung sind weder inhaltlich noch methodisch zulässig. Die Totalerhebung in den ausgewählten Landgerichtsbezirken ermöglicht allerdings einen vertieften Einblick in die Arbeitsweise unterschiedlicher Staatsanwaltschaften, unterschiedlicher Abteilungen und damit auch in komplexe Organisationsstrukturen.

2.2 Welche Jahrgänge wurden untersucht?

Für eine detaillierte Erhebung wurden die Jahrgänge 1996-1998 ausgewählt. Dem lag die Überlegung zugrunde, dass diese Verfahren in den meisten Fällen bereits abgeschlossen waren, so dass eine Überprüfung des Erfolgs der Telefonüberwachungen und ihres Einflusses auf den Verfahrensausgang möglich wurde. Ferner konnte vielfach festgestellt werden, inwieweit die von der Telefonüberwachung Betroffenen tatsächlich – wie im Gesetz vorgeschrieben – benachrichtigt wurden. Um die Entwicklung längerfristig beobachten zu können, wurden darüber hinaus in einzelnen Landgerichtsbezirken Stichproben aus den Jahren 1995 und 1999 gezogen.

Um die relevanten Fragestellungen des Forschungsprojektes adäquat behandeln zu können, wurde ein Methodenmix aus quantitativer Aktenanalyse, mehreren qualitativen Interviews und Gruppendiskussion gewählt. Der Zweck dieser Integration verschiedener Forschungsmethoden besteht darin, für einen Gegenstandsbereich, in dem eine einzelne Methode nicht ausreicht, die gesamte empirische Basis zu erfassen, zusätzliche Daten durch den Einsatz weiterer Methoden zu gewinnen.[2]

---

[2] Vgl. Kelle, U./ Erzberger, C.: Die Integration qualitativer und quantitativer Forschungsergebnisse, in: Kluge, S./ Kelle, U. (Hg), Methodeninnovation in der Lebenslaufforschung. Integration qualitativer und quantitativer Verfahren in der Lebenslauf- und Biographieforschung, Weinheim/München, 2001, 89-133.

2.3 Quantitative Aktenanalyse

Als quantitative Methode wurde eine standardisierte *Dokumentenanalyse von Akten* gewählt. Dies empfahl sich bereits deswegen, weil die Strafakte als einzige gemeinsame Informationsbasis von Polizei, Staatsanwaltschaft und Gericht einen umfassenden Überblick über die für das Strafverfahren relevanten Daten bot. Da Polizei und Justiz zur Dokumentation ihrer Ermittlungstätigkeit verpflichtet sind, sollten die Akten die für die Untersuchung wichtigen Daten enthalten, so zum Beispiel Angaben über die Anzahl der Tatverdächtigen, ihre Nationalität sowie die Entstehung des Tatverdachtes. Die Aktenanalyse bietet hier den entscheidenden Vorteil, diese Daten auf breiter Basis schnell mittels standardisierter Fragebögen zu erheben, so dass anschließend statistische Auswertungen möglich sind. Zusätzlich wurden vereinzelt in qualitativer Form den ausgefüllten Fragebögen kurze Memos beigefügt, welche insbesondere für die anschließenden Interviews von Interesse waren.

In Rechnung zu stellen ist, dass die „Aktenproduzenten" ihrerseits Informationsquelle sein können. Wenn man berücksichtigt, dass diese aus allen wirklichkeitsbeschreibenden Informationen eine Auswahl treffen – eine Auswahl, die auch zur Legitimation der getroffenen Entscheidung dient –, dann lässt sich nicht ausschließen, dass die Wirklichkeit in den Akten selektiv wiedergegeben wird. Nicht zuletzt aus diesen Gründen wurden mit Vertretern der beteiligten Institutionen Einzelinterviews durchgeführt.

Da bezüglich der Maßnahme Telefonüberwachung seitens der Staatsanwaltschaft eine Meldepflicht gegenüber der Generalstaatsanwaltschaft besteht, konnte auf entsprechende Listen zurückgegriffen werden. Bezüglich der untersuchten Staatsanwaltschaften handelt es sich insoweit um eine Totalerhebung.

Vor der eigentlichen Erhebung wurde ein zweimonatiger Pretest in einer später auch in die Untersuchung einbezogenen Staatsanwaltschaft durchgeführt. Hier wurde das Erhebungsinstrument auf Gütekriterien[3] und mögliche Unstimmigkeiten überprüft und wenn nötig modifiziert.

Analysiert wurden zunächst einfache sozialstatistische Daten des jeweiligen Strafverfahrens wie z. B. Angaben zum Delikt, zum Tatverdächtigen usw. Ferner wurden die in den Strafverfahren enthaltenen Maßnahmen konkret auf Kor-

---

[3] Schnell, R./ Hill, P./ Esser, E.: Methoden der empirischen Sozialforschung, München/Wien, 1994, 156 ff.

relationen[4] hin untersucht. Hier wurden Datenkomplexe bezüglich der Initiierung einer Maßnahme, der Durchführung, der Dauer, des Erfolges usw. erhoben und statistisch ausgewertet. Die Auswertung erfolgte mit einem Statistikprogramm.[5]

2.4 Qualitative Interviews

Zur Erfassung des komplexen prozessualen, kontext- und interpretationsabhängigen Charakters sozialer Situationen sind zusätzlich zur Aktenanalyse qualitative Interviews geführt worden[6], wobei es sich bei diesen ausschließlich um Experten-Interviews handelte.[7] Für diese Befragungen sind Interviewleitfäden entwickelt und nach einem Pretest modifiziert worden. Dabei wurden je nach Befragtengruppe unterschiedliche Schwerpunkte gesetzt, um der jeweiligen Rolle der Befragten im Ermittlungsverfahren gerecht zu werden.

Befragt wurden insgesamt 56 Personen, die sich auf die Institutionen Polizei (29), Staatsanwaltschaft (21) und Ermittlungsrichter (6) verteilten. Damit besteht die Untersuchungsgruppe nicht aus repräsentativen, sondern aus typischen Fällen (theoretical sampling).

Zum Einsatz kamen zwei Formen qualitativer Interviews: narratives[8] und fokussiertes Interview.[9]
Beide Interviewformen ähneln sich hinsichtlich Interviewstil, Auswahl der Befragten, Durchführung, Dauer und Auswertung. Der Interviewpartner wird als Experte zu den von ihm angewandten Ermittlungsstrategien befragt, welche sich nur aus bestimmtem Hintergrundwissen und Erfahrungswerten erklären und nicht aus den Akten entnehmen lassen. Die Interviews wurden allesamt an den

---

[4] Janssen, J./ Laatz, W.: Statistische Datenanalyse mit SPSS für Windows. Eine anwendungsorientierte Einführung in das Basissystem und das Model Exakte Tests, Berlin 1997, 347 ff.

[5] exemplarisch Bühl, A.: Professionelle Datenanalyse mit SPSS für Windows, Bonn, 1996.

[6] Vgl. Bohnsack, R.: Rekonstruktive Sozialforschung. Einführung in Methodologie und Praxis qualitativer Forschung, Opladen, 2000.

[7] Meuser, M./ Nagel, U.: Expertenwissen und Experteninterview, in: Hitzler, R./ Honer, A./ Maeder, C. (Hg.): Expertenwissen. Die institutionalisierte Kompetenz zur Konstruktion von Wirklichkeit, Opladen, 1994, 180-192.

[8] Schütze, F.: Zur Hervorlockung und Analyse von Erzählungen thematisch relevanter Geschichten im Rahmen soziologischer Feldforschung – dargestellt an einem Projekt zur Erfassung kommunaler Machtstrukturen, Bielefeld, 1976.

[9] Lamnek, S.: Qualitative Sozialforschung, Bd. 2: Methoden und Techniken, München, 1995.

Arbeitsorten der Befragten durchgeführt. Die Bedeutung der Alltagsnähe der Forschungssituation darf nicht unterschätzt werden, denn so können vor allem authentische Informationen entstehen und Artefakte vermieden werden. Die Dauer der Interviews variierte zwischen einer dreiviertel und zwei Stunden. Da von Anfang an zu befürchten war, dass einige der Interviewpartner keine umfassende Auskunft über die zu erfragenden Themen geben würden, wenn die Gespräche auf Band mitgeschnitten werden sollten, wurden die Interviews stichwortartig anhand des eingesetzten Leitfadens mitgeschrieben. Es wurden immer zwei Interviewer pro Befragung gleichzeitig eingesetzt. Um nicht den unnötigen Druck eines „Kreuzverhörs" aufkommen zu lassen, übernahm ein Interviewer zunächst die Gesprächsführung, während der andere sich anfangs eher im Hintergrund hielt und Aufzeichnungen machte. Diese „Überzahl" gegenüber dem Interviewten erwies sich als positiv für die Interviewsituation und wurde von den Befragten nicht als asymmetrisch empfunden. Die abwechselnde Befragung lockerte die Erzählsituation erheblich auf und förderte ein offenes Gesprächsklima.

Während diese Kriterien sowohl für das narrative als auch für das fokussierte Interview gelten, differieren beide doch hinsichtlich folgender Punkte: der Schwerpunkt des narrativen Interviews liegt auf der Betonung des Erzählprinzips. Damit soll zweierlei bewirkt werden. Zunächst sind durch die freien Erzählungen die Orientierungs- und Einstellungsmuster der befragten Personen am ehesten zu erkennen. Darüber hinaus fördert das Erzählprinzip einen Zugzwang innerhalb der Erzählung, wodurch es zu einer plausiblen Rekonstruktion früheren Handelns kommt. Dadurch wird ein tieferer Einblick in Entscheidungsstrukturen des Befragten möglich; auf diese Weise können Aspekte zutage treten, die bis zu diesem Zeitpunkt noch nicht in den theoretischen Vorannahmen berücksichtigt worden waren.

Bei dem fokussierten Interview hingegen beobachtet der Forscher eine reale Feldsituation, aus der er über eine Analyse der Situation die hypothetisch bedeutsamen Muster und Elemente herauszufiltern versucht, indem er sich mit der Situation auseinandersetzt und die Reaktionen der in dieser Situation Beteiligten ermittelt.[10] Ziel ist es, die subjektiven Erfahrungen der Befragten in der früher erlebten Situation zu erfassen.

Weiterhin unterscheiden sich beide Verfahren in ihrem Anspruch auf Hypothesenbildung. Die narrativen Interviews sind generell geeignet, innerhalb des unstrukturierten und theoretisch offenen Feldes Hypothesenbildungen zu ermögli-

---

[10] Lamnek, Anm. 9, S. 79

chen. Mit den fokussierten Interviews hingegen – die der quantitativen Methodologie näher stehen als den qualitativen Verfahren – wird angestrebt, bereits vorab formulierte Hypothesen in der Konfrontation mit der sozialen Realität zu prüfen.

Die Auswertung erfolgte über eine computerunterstützte Codierung und systematische Analyse der Mitschriften[11], wobei sowohl zur Analyse als auch zur Interpretation standardisierte Kurzfragebögen, Protokolle und Kurzprofile, welche unmittelbar im Anschluss an die geführten Interviews angefertigt worden sind, herangezogen wurden.

2.5 Gruppendiskussion

Bei der Gruppendiskussion richtet sich das Erkenntnisinteresse des Forschers auf die situationsabhängige Gruppenmeinung. Diese wird in jeder Handlungssituation aufs Neue ausgehandelt. Soziale Wirklichkeit wird situationsspezifisch von den Akteuren generiert. Es wird angenommen, dass sich gesellschaftliche Wirklichkeit nur partiell in Einzelinterviews erfassen lässt. Nach der Durchführung der Einzelinterviews wurde deshalb zusätzlich noch eine Gruppendiskussion mit Vertretern der Institutionen Polizei (7 Beamte), Staatsanwaltschaft (5 Beamte) und Gericht (5 Richter) veranstaltet, bei der die Teilnehmer sowohl mit den quantitativen als auch den qualitativen Forschungsergebnissen konfrontiert wurden. Da die Erlangung von Informationen im Vordergrund stand, wurde die Form der ermittelnden Gruppendiskussion gewählt. Diese erlaubt es, nicht nur Meinungen und Einstellungen der einzelnen Teilnehmer in der Gruppensituation zu beobachten, sondern auch Auffassungen der gesamten Gruppe als einer sozialen Einheit festzuhalten.[12]

2.6 Anonymität

Aus Gründen des Daten- und Quellenschutzes sind alle Aussagen der Interviewpartner anonymisiert und nur für die Verfasser anhand der gemachten Aufzeichnungen (befristet) zuzuordnen.

---

[11] Kuckartz, U.: Computerunterstützte Analyse qualitativer Daten. Eine Einführung in Methoden und Arbeitstechniken, Opladen, 1999.

[12] Lamnek, Anm. 9, S. 134.

3 Offizielle Statistiken und faktische Anzahl der Telefonüberwachungen

3.1 Wie ist nach der bundeseinheitlichen Regelung zu zählen?

Aus den Erläuterungen zur statistischen Erhebung zur Praxis der Überwachung der Telekommunikation ergibt sich, dass eine kalenderjährliche Statistik zu führen ist, wobei Telefonüberwachungen auf die folgende Art und Weise gezählt werden sollen:
In die Statistik eingehen sollen ausschließlich gerichtliche oder staatsanwaltschaftliche Erstanordnungen. Dabei wird jedes Verfahren in dem entsprechenden Jahr nur einmal gezählt, unabhängig davon, wie viele Anordnungen gegen wie viele Betroffene ergehen. Nicht gezählt werden solche Verfahren, in denen lediglich Überwachungsanordnungen aus dem Vorjahr noch andauern oder eine im Vorjahr angeordnete Telefonüberwachung im Rahmen eines Verlängerungsbeschlusses fortgeführt wird. Anordnungen gegen einen anderen Betroffenen oder nach Unterbrechung auch gegen einen bereits zuvor überwachten Betroffenen im Folgejahr führen hingegen zu einer erneuten Zählung des Verfahrens im jeweiligen Berichtsjahr.

3.2 Wurden alle Telefonüberwachungen zu den offiziellen Statistiken gemeldet?

Im Rahmen unserer Untersuchung wurde ferner festgestellt, dass die offiziellen Statistiken nur ein ungefähres Bild vom Ausmaß der in den untersuchten Bundesländern durchgeführten Telefonüberwachungen zeichnen, d.h. dass viele Telefonüberwachungen gar nicht gemeldet und somit auch nicht erfasst werden. So befanden sich in einigen Akten, die zu einer empirischen Überprüfung des Einsatzes von Vertrauenspersonen und Verdeckten Ermittlern gezogen wurden, Telefonüberwachungen, die auf der amtlichen Liste nicht verzeichnet waren.
Einige dieser Verfahren haben wir – zum Vergleich – gesondert in die Untersuchung mit einbezogen. Es wurden insoweit 5 nicht gemeldete Verfahren statistisch erfasst. In ihnen waren insgesamt 26 Telefonüberwachungen enthalten.[13]

---

[13] Die Telefonüberwachungen wiesen gegenüber den gemeldeten Maßnahmen kaum signifikante Abweichungen auf, die ihre Nicht-Meldung erklären könnten. So wurde keine der beantragten Telefonüberwachungen abgelehnt, fast alle (92 Prozent) angeordneten Maßnahmen wurden auch durchgeführt. Auch Anklage- und Verurteilungsquote lagen mit rund 75 Prozent sogar etwas höher als bei den gemeldeten Verfahren.
Aus dem Rahmen fiel allerdings die Vollständigkeit der richterlichen Beschlüsse: In den nicht-gemeldeten Verfahren fand sich kein einziger Beschluss, der den gesetzlichen Anforderungen vollständig genügt hätte. Warum die Meldung der Telefonüberwachungsmaßnahme in diesen Fällen unterblieb, können wir letztlich nicht erklären. Jedenfalls kann das Unterblei-

3.3 Wird inzwischen zutreffend gezählt?

In einem der untersuchten Bundesländer wurde inzwischen die Art der Registrierung seit dem Jahre 1999 umgestellt: So werden nunmehr die einzelnen Anordnungen gesammelt und einmal im Jahr nach den bundeseinheitlich geltenden Regelungen der „Statistischen Erhebung zur Praxis des Fernmeldeverkehrs" von Polizei und Staatsanwaltschaft ausgewertet. Dementsprechend kann davon ausgegangen werden, dass die – von Datenschutzbeauftragten kritisierte – starke Zunahme der gezählten Telefonüberwachungen in diesem Bundesland jedenfalls nicht nur auf eine tatsächliche Erhöhung der überwachten Anschlüsse zurückzuführen ist, sondern auch auf eine nunmehr sorgfältigere Zählweise. Demgegenüber ließ sich in dem anderen Bundesland keine Veränderung der Zählweise beobachten.

Es konnte darüber hinaus festgestellt werden, dass zwischen den Staatsanwaltschaften divergierende Auffassungen hinsichtlich der Frage bestehen, was zu zählen ist und wie. So ist unklar, ob die früher nach § 12 FAG verfügten Abfragen von Fernmeldedaten in die Zählung aufgenommen werden mussten, bzw. ob durch die Einführung der §§ 100g, h StPO insoweit Änderungen hinsichtlich der Meldepflicht eingetreten sind. Ferner bestand Uneinigkeit darüber, wer als Betroffener einzustufen ist, etwa ob nur der Anschlussinhaber Betroffener ist oder jeder Anschlussnutzer bzw. jeder Gesprächspartner. Uneinheitlich gehandhabt wird auch die Frage, wie oft ein sich über mehrere Jahre erstreckendes Verfahren zu melden ist. Ferner konnte anhand der Listen der jeweiligen Generalstaatsanwaltschaft festgestellt werden, dass Verfahren verschiedentlich auch zwei oder drei Mal gezählt wurden, obwohl nach der bundeseinheitlichen Regelung ein Verfahren höchstens einmal pro Jahr gemeldet werden soll.

Insgesamt ist festzuhalten, dass die Auswertung sich zwar auf eine Totalerhebung aller in den Jahren 1996-1998 gemeldeten Verfahren stützt, dass es sich jedoch nicht um eine Totalerhebung aller in diesem Zeitraum durchgeführten Telefonüberwachungen handeln dürfte. Auch von vielen der befragten Staatsanwälte wurde im Interview erklärt, dass eventuell wegen Arbeitsüberlastung oder aufgrund bestehender Unkenntnis Verfahren fehlerhaft oder gar nicht gemeldet wurden.

---

ben der Meldung nicht mit einer besonderen Eilbedürftigkeit begründet werden, da der Anteil der aufgrund von Verzugsgefahr im Wege staatsanwaltschaftlicher Eilkompetenz angeordneten Maßnahmen hier lediglich bei 8 Prozent liegt. Auffällig ist allerdings, dass in rund 80 Prozent der Fälle aufgrund der in den Telefonüberwachungen gewonnenen Erkenntnisse andere Strafverfahren eröffnet wurden. Möglicherweise war dieser Umstand mitursächlich dafür, dass diese Verfahren nicht gemeldet wurden.

Tabelle 1

Jahrgang * Staatsanwaltschaft Kreuztabelle

Anzahl

		Staatsanwaltschaft				
		A	B	C	D	Gesamt
Jahrgang	1996	51	6	46	18	121
	1997	30	20	39	13	102
	1998	51	58	31	18	158
Gesamt		132	84	116	49	381

3.4 Welche Zählweise wurde der Untersuchung zugrunde gelegt?

Maßstab für die vorliegend gewählte Zählweise war die Frage nach der Häufigkeit des Grundrechtseingriffs. Da jede Überwachung eines Telefonanschlusses einen selbständigen Eingriff in das Fernmeldegeheimnis darstellt, wurde auch jede dieser Telefonüberwachungen einzeln erfasst. Zudem ließen sich auf diese Weise Schwierigkeiten im Zusammenhang mit der Zählung der Beschuldigten in Sammelverfahren sowie bei der Überwachung von Anschlüssen, deren Inhaber unbekannt ist, vermeiden. Letzten Endes war es auch Ziel der Untersuchung, Aussagen über die Praxis des Richtervorbehaltes zu treffen. Dieses Ziel war nur durch eine qualitative Untersuchung der einzelnen richterlichen Beschlüsse erreichbar. Der überwiegende Teil der Statistiken bezieht sich dementsprechend auf einzelne Telefonüberwachungsmaßnahmen und nicht auf Verfahren. Nur dort, wo die Untersuchung ausdrücklich auf die Verfahrenszahlen verweist, werden Aussagen über ein Strafverfahren als ganzes getroffen.

3.5 Wurde die Abfrage von Verbindungsdaten in die Untersuchung mit einbezogen?

Im Rahmen der Untersuchung konnte festgestellt werden, dass jedenfalls teilweise die früher nach dem FAG – heute nach §§ 100g, h StPO – durchgeführten Abfragen von Verbindungsdaten offenbar – entgegen der bundeseinheitlichen Regelung – als Telefonüberwachungen gezählt wurden.

Tabelle 2

Abfrage von Verbindungsdaten nach § 12 FAG

		Häufigkeit	Prozent	Gültige Prozente	Kumulierte Prozente
Gültig	ja	34	8,9	8,9	8,9
	nein	347	91,1	91,1	100,0
	Gesamt	381	100,0	100,0	

Die Abfragen von Verbindungsdaten – die nach weniger strengen gesetzlichen Vorgaben möglich waren – wurden nur dort in die Auswertung einbezogen, wo dies sinnvoll erschien, also beispielsweise nicht bei der Frage der Vollständigkeit von Anträgen oder Beschlüssen, da hier nach § 12 FAG weder das Vorliegen einer Katalogtat noch Subsidiarität gefordert wird.[14]

3.6 Wie häufig werden Telefonüberwachungen in den Landgerichtsbezirken angeordnet?

Rechnet man die Häufigkeit der (gemeldeten) Telefonüberwachungen auf die Bevölkerungszahl der einzelnen Landgerichtsbezirke um, so ergeben sich – beispielhaft für das Jahr 1998 – gravierende Unterschiede[15]: Im Landgerichtsbezirk A kommen statistisch auf 100.000 Einwohner 7,63 Telefonüberwachungen, demgegenüber entfallen im Landgerichtsbezirk D gerade einmal 1,29 Telefonüberwachungen auf 100.000 Einwohner. Dazwischen liegen der Landgerichtsbezirk C mit 2,42 und der Landgerichtsbezirk B mit 3,78.

Tabelle 3

LG-Bezirk	Telefonüberwachungen auf 100.000 Einwohner
A	7,63
B	3,78
C	2,42
D	1,29

---

[14] Zur extensiven Zunahme der Abfrage von Verbindungsdaten nach §§ 100 g, h StPO vgl. die „Zusammenfassung" S.128.

[15] Die Zahlen enthalten sowohl Telefonüberwachungen nach § 100a StPO als auch Abfragen von Verbindungsdaten nach § 12 FAG.

In Rechnung zu stellen ist insoweit jedoch, dass die Kriminalitätsbelastung in den untersuchten Staatsanwaltschaften unterschiedlich ist[16]: Während in der Staatsanwaltschaft A eine relativ hohe Belastung festzustellen ist (14.469 Straftaten pro 100.000 Einwohner), so gilt für Staatsanwaltschaft D, dass hier lediglich eine Kriminalitätsbelastung von 6.424 Straftaten pro 100.000 Einwohner zu verzeichnen ist. In Staatsanwaltschaft B ergab sich eine Häufigkeitszahl von 6.983, für C ließen sich 8.939 Straftaten pro 100.000 Einwohner beobachten. Rechnet man dementsprechend die Anzahl der Telefonüberwachungen auf die Zahl der bekannt gewordenen Straftaten um, so zeigt sich, dass in der großstädtisch geprägten Staatsanwaltschaft A ebenso viele Telefonüberwachungen pro Straftat durchgeführt werden wie in Staatsanwaltschaft B, deren Einzugsgebiet eher ländlich strukturiert ist (in 0,05 Prozent der Straftaten, d.h. bei einer von 2.000 Straftaten wird eine Telefonüberwachung eingesetzt). Den niedrigsten Anteil an Telefonüberwachungen hat auch hier wiederum Staatsanwaltschaft D mit 0,02 Prozent. Dazwischen liegt Staatsanwaltschaft C mit einem Anteil von 0,03 Prozent.

3.7 Umfang der Untersuchung

Für die Jahre 1996-1998 wurden in den Staatsanwaltschaften A bis D 111 gemeldete Verfahren untersucht, die insgesamt 381 Telefonüberwachungen enthielten. Gesondert wurden weitere 25 Verfahren für die Jahre 1995 (5 Verfahren) und 1999 (20 Verfahren) untersucht, im einzelnen enthielten die Verfahren 38 (1995) und 48 (1999) Telefonüberwachungen. Die Erhebung erstreckte sich weiterhin auch auf die oben genannte fünfte Staatsanwaltschaft (E), bei der die analysierten 61 Telefonüberwachungen (aus 32 Verfahren) ebenfalls gesondert ausgewertet wurden.

Tabelle 4

	A	B	C	D	E
1995	38	0	0	0	3
1996	51	6	46	18	10
1997	30	20	39	13	27
1998	51	58	31	18	16
1999	0	0	0	48	5
Gesamt	170	84	116	97	61

---

[16] Es wurden hier die Zahlen der Polizeilichen Kriminalstatistik für das Jahr 1998 zugrunde gelegt.

Überprüft man, wie viele Telefonüberwachungen in den Jahren 1996 - 1998 im Durchschnitt in einem Verfahren zum Einsatz kamen, so kann man feststellen, dass ein Verfahren 3,43 Maßnahmen beinhaltete. Differenziert man nach LG-Bezirken, so ergibt sich für LG-Bezirk A ein Durchschnittswert von 4,55 Telefonüberwachungen pro Verfahren, für LG-Bezirk D hingegen ein Wert von 1,6 Telefonüberwachungen pro Verfahren.

4 Ergebnisse der Untersuchung der gemeldeten Verfahren aus den Jahren 1996, 1997 und 1998

4.1 Wie kommt es zum Einsatz einer Telefonüberwachung?

Um in einem Verfahren das Instrument der Telefonüberwachung einsetzen zu können, bedarf es – wie zur Einleitung jedes Strafverfahrens – zunächst eines Anfangsverdachtes, d.h. es müssen zureichende tatsächliche Anhaltspunkte für das Vorliegen einer bestimmten Straftat bestehen. Im Gegensatz zu anderen Maßnahmen ist die Telefonüberwachung in den untersuchten Bundesländern nicht zur Gefahrenabwehr zulässig, sondern nur zu Strafverfolgungszwecken.

4.1.1 Anfangsverdacht bezogen auf die einzelnen Telefonüberwachungen

Dementsprechend wurde zunächst untersucht, aus welchen Quellen die Angaben stammen, aufgrund derer eine Telefonüberwachung geschaltet wird, d.h. woher die Informationen stammen, die die Polizei ihrer Anregung an die Staatsanwaltschaft, eine TÜ zu beantragen, zugrunde legt:
Von 381 Telefonüberwachungen sind 20 Prozent auf einen Anfangsverdacht zurückzuführen, der auf der Aussage einer V-Person beruht. In den meisten Fällen (26 Prozent der Fälle) basiert der Verdacht auf eigener Ermittlungstätigkeit der Strafverfolgungsorgane; dazu zählen beispielsweise Erkenntnisse aus Vernehmungen in anderen Verfahren, Feststellungen aus eigener Wahrnehmung von Polizeibeamten oder anderen, evtl. auch ausländischen Behörden. In rund 19 Prozent der Fälle lässt sich die Verdachtsschöpfung auf eine Anzeige bei der Polizei oder bei der Staatsanwaltschaft zurückführen. In immerhin 18,4 Prozent der Fälle beruht der Verdacht auf Erkenntnissen, die aus einer anderen Telefonüberwachungsmaßnahme geschöpft wurden.

Graphik 1

Kenntniserlangung durch

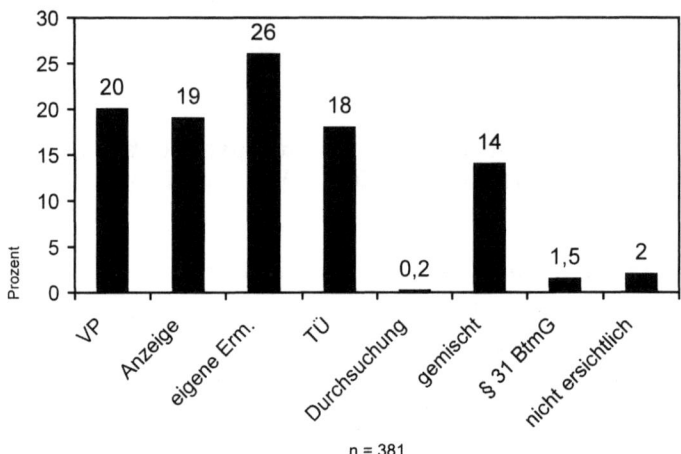

n = 381

Vergleicht man die untersuchten Landgerichtsbezirke danach, auf welche Quelle der Anfangsverdacht zurückgeht, so zeigen sich gravierende Unterschiede: Während im Landgerichtsbezirk B der überwiegende Teil (52 Prozent) der Verdachtsschöpfungen auf Anzeigen beruht, gilt für den Landgerichtsbezirk A, dass dort der Großteil der Telefonüberwachungen auf einem Anfangsverdacht beruht, der auf verdeckte Ermittlungsmethoden – V-Personen (36 Prozent) oder Telefonüberwachungen (34 Prozent) – basiert. In den Landgerichtsbezirken C und D wird demgegenüber am häufigsten auf Ergebnisse eigener Ermittlungen zurückgegriffen.

Graphik 2

**Anfangsverdachtsschöpfung
differenziert nach LG-Bezirken**

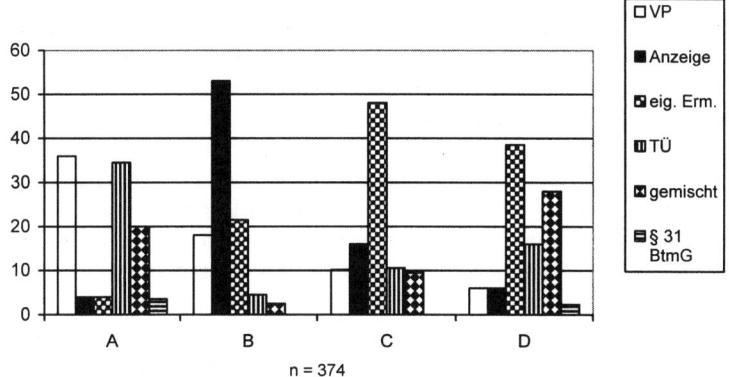

n = 374

In 6 Fällen war die Quelle nicht ersichtlich, in einem weiteren Fall beruhte die Telefonüberwachung auf Informationen, die bei einer Durchsuchung gewonnen worden waren.

4.1.2 Anfangsverdacht bezogen auf die einzelnen Verfahren

Untersucht man nicht die einzelnen Telefonüberwachungen, sondern die Verfahren als solche, so ergibt sich eine ähnliche Verteilung wie bei den einzelnen Telefonüberwachungen, was die Art der Kenntniserlangung angeht:

Tabelle 5

Art der Kenntniserlangung	Anzahl der Verfahren	Anteil in Prozent
Vertrauenspersonen	21	19,3 %
Anzeigen	20	18,3 %
Eigene Ermittlungen	32	29,4 %
Telefonüberwachungen	20	18,3 %
Durchsuchungen	1	0,9 %
Gemischt	18	16,5 %

4.2 Wie schnell nach Verfahrensbeginn wird die Telefonüberwachung eingesetzt?

Überprüft man, zu welchem Zeitpunkt im Verfahren die Telefonüberwachung typischerweise eingesetzt wird, so ergibt sich folgendes Bild: In etwa einem Drittel der Verfahren (36 Prozent) wird die Telefonüberwachung bereits innerhalb der ersten sieben Tage nach Schöpfung des Anfangsverdachts eingeleitet, wobei in 7 Verfahren (rund 6 Prozent) die Telefonüberwachung am selben Tag angeregt wurde, an dem das Verfahren eingeleitet wurde. In weiteren 21,2 Prozent der Fälle wurde eine Telefonüberwachung in der zweiten bis vierten Woche von der Polizei initiiert. Auffallend ist, dass insbesondere in den Allgemeinen Abteilungen die Telefonüberwachung sehr frühzeitig zum Einsatz kommt. Dies lässt sich darauf zurückführen, dass hier ausschließlich Telefonüberwachungen wegen Raubes und Erpressung geschaltet wurden. Von Interviewpartnern wurde erklärt, dass gerade in diesen Fällen ein schnelles Handeln der Ermittlungsbehörden erforderlich ist und dementsprechend schnell auch eine Telefonüberwachung initiiert wird. Demgegenüber liegt in den Wirtschafts-, Btm- und OK-Abteilungen mehr Zeit zwischen Verfahrenseinleitung und Anregung der Telefonüberwachung. Dies hängt damit zusammen, dass in diesen Verfahren oftmals durchgeführte verdeckte Ermittlungstätigkeit ein schnelles Eingreifen nicht erfordert.

4.3 Gegen wen richtet sich die Telefonüberwachung üblicherweise?

Eine Telefonüberwachung kann sich nach der gesetzlichen Regelung sowohl gegen den Tatverdächtigen als auch gegen denjenigen richten, von dem aufgrund von Tatsachen ausgegangen werden kann, dass er für den Tatverdächtigen bestimmte bzw. von ihm herrührende Mitteilungen annimmt oder weitergibt (Nachrichtenmittler). Darüber hinaus darf sie sich auch gegen Personen richten, bei denen Hinweise bestehen, dass der Tatverdächtige ihren Telefonanschluß benutzt. Die beiden letztgenannten Personenkreise wurden in der Untersuchung als „Kontaktpersonen" behandelt, da es nicht in allen Fällen aus der Akte erkennbar ist, ob der Anschlussinhaber Nachrichtenmittler war oder dem Beschuldigten seinen Anschluss zur Verfügung stellte.
Nur in 39,4 Prozent der Fälle richtete sich die Maßnahme unmittelbar gegen den Anschluss des Beschuldigten, der überwiegende Teil (49,5 Prozent) der angeordneten Telefonüberwachungen wurde gegen die oben genannten Kontaktpersonen durchgeführt. In immerhin 8 Prozent der Fälle wurde die Telefonüberwachung einer Telefonzelle oder eines sonstigen öffentlich zugänglichen Anschlusses, worunter in erster Linie Telefonanschlüsse in Gaststätten fallen, angeordnet.

Graphik 3

Gegen welche Art Anschluss richtete sich die Telefonüberwachung?

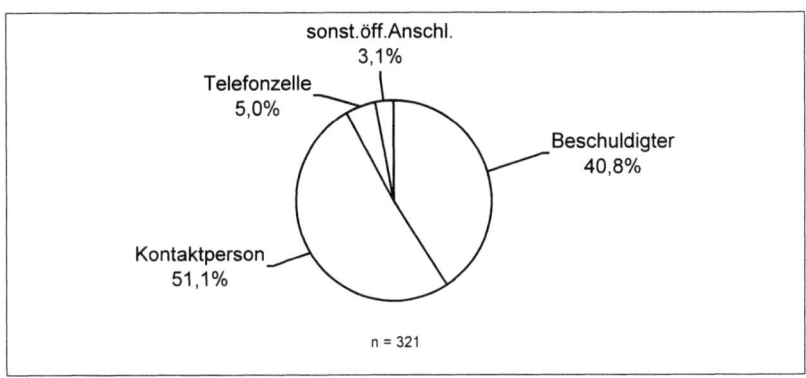

Auffällig ist, dass überproportional viele Telefonzellen bzw. sonstige öffentliche Anschlüsse überwacht wurden, wenn es sich um nicht-deutsche Tatverdächtige handelte.

Graphik 4

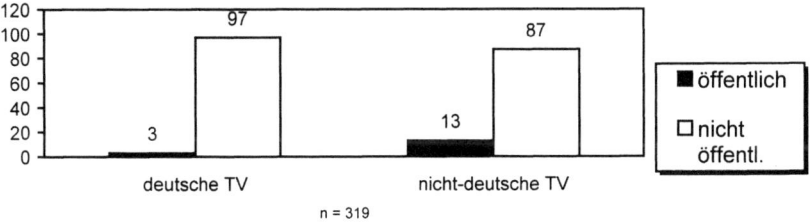

Überprüft man die Dauer der Telefonüberwachungen bei öffentlichen und nicht-öffentlichen Anschlüssen, so zeigt sich, dass öffentliche Anschlüsse gegenüber den nicht-öffentlichen Anschlüssen verhältnismäßig lange überwacht werden. Dies ist im wesentlichen darauf zurückzuführen, dass die entsprechenden Verfahren ungewöhnlich umfangreich und langandauernd waren und sich die Ermittlungen schwierig gestalteten.

Graphik 5

**Dauer der Telefonüberwachung
bei öffentlichen und nicht öffentlichen Anschlüssen**

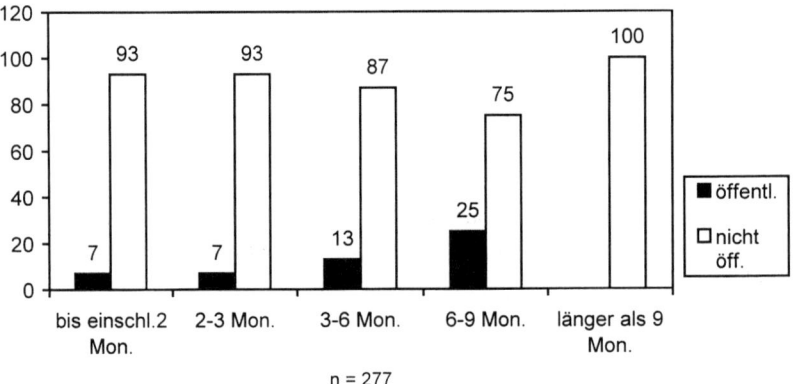

Bei einem direkten Vergleich der überwachten Anschlüsse von Kontaktpersonen und Beschuldigten fällt auf, dass in zwei Staatsanwaltschaften (A und D) ungefähr ebenso viele Anschlüsse von Beschuldigten wie solche von Kontaktpersonen abgehört wurden; demgegenüber waren in den übrigen zwei Staatsanwaltschaften deutlich mehr Kontaktpersonen als Beschuldigte von der Überwachung betroffen.

Graphik 6

Anschlussart differenziert nach LG-Bezirken

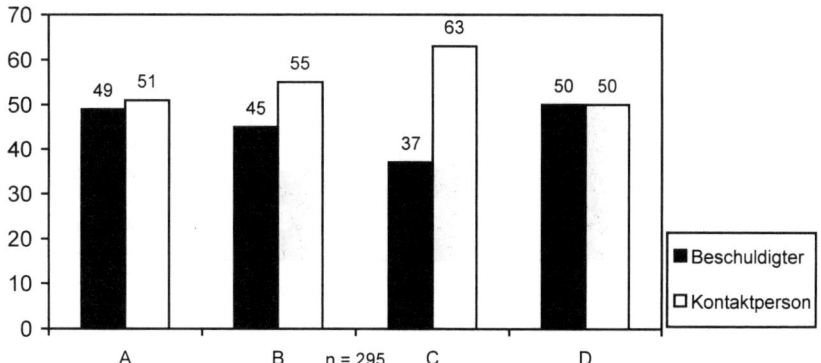

Auffallend ist, dass in jenen Landgerichtsbezirken, in denen eine Telefonüberwachung überwiegend wegen Verstoßes gegen das Betäubungsmittelgesetz durchgeführt wird, sich diese oftmals gegen den Beschuldigten richtet. Andererseits wird in den Landgerichtsbezirken, in denen der Betäubungsmittelkriminalität bei der Anordnung von Telefonüberwachungen eine weniger bedeutsame Rolle zukommt, häufiger der Anschluss einer Kontaktperson überwacht. Ein signifikanter Zusammenhang ließ sich jedoch nicht feststellen.

Betracht man das Verhältnis der Anschlussarten bei Privatanschlüssen, so ergibt sich folgendes Bild:

Graphik 7
Verhältnis Kontaktpersonen- und Beschuldigtenanschlüsse im zeitlichen Verlauf

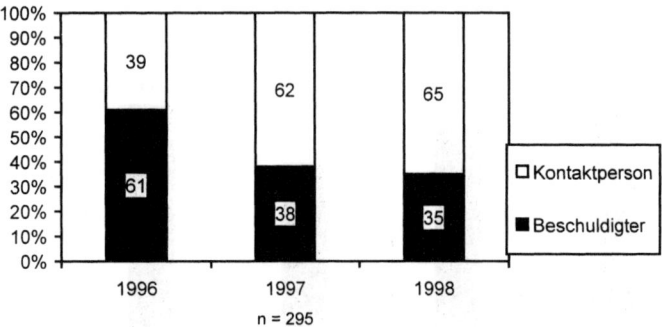

Es lässt sich feststellen, dass der Anteil der überwachten Beschuldigtenanschlüsse stark rückläufig ist. Mit diesen Beobachtungen stimmen auch die Ergebnisse der Interviews überein: So haben die befragten Polizeibeamten und Staatsanwälte erklärt, dass durch die zunehmende Nutzung von Mobiltelefonen und dem damit einhergehenden Handytausch zunehmend mehr Kontaktpersonen überwacht werden, wobei eigentliche Nutzer vielfach die Beschuldigten selbst seien.

4.4 Wegen welcher Delikte werden Telefonüberwachungen typischerweise angeordnet?

Eine Telefonüberwachung darf nur dann angeordnet werden, wenn der Verdacht sich auf eine der in § 100a StPO abschließend aufgezählten Straftaten, d.h. eine sogenannte Katalogtat, richtet. Tatsächlich konnte in der Untersuchung kein Fall festgestellt werden, in dem eine Telefonüberwachung wegen einer Nichtkatalogtat angeregt, beantragt oder angeordnet wurde. Betrachtet man die Deliktsbereiche, wegen derer der Großteil der Telefonüberwachungen angeregt wurde, so ist festzustellen, dass die Telefonüberwachung überwiegend zur Bekämpfung der Rauschgiftkriminalität eingesetzt wird. So stützt sich die Anordnung der Telefonüberwachung in 54 Prozent auf diesen Vorwurf. Einen wesentlichen Anteil machen mit zusammen 19,9 Prozent Raub und Erpressung aus. In rund 10 Prozent wird eine Telefonüberwachung aufgrund des Verdachtes von Mord oder Totschlag angeordnet.

Graphik 8

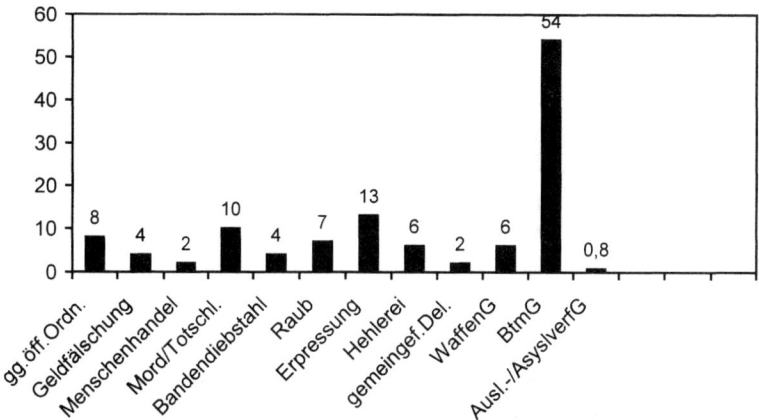

Festgestellt werden konnte ferner, dass in etwa 14 Prozent der Fälle die Telefonüberwachung angeordnet und durchgeführt wurde, weil der Verdacht bestand, dass die Beschuldigten mehrere Katalogtaten verwirklicht hatten. Typischerweise traten Raub und Erpressung (4 Prozent), Bandendiebstahl und Hehlerei (3,4 Prozent) zusammen auf; zudem gab es vielfach einen Verstoß sowohl gegen das Waffen- als auch gegen das Betäubungsmittelgesetz (3,4 Prozent), wobei in knapp der Hälfte dieser Fälle gleichzeitig auch das Delikt des Menschenhandels verwirklicht wurde.

In einem der untersuchten Verfahren wurde zur Begründung der Telefonüberwachungen auf die Katalogtat der Bildung einer kriminellen Vereinigung zurückgegriffen, was offenbar hilfsweise herangezogen wurde, um im Bereich des Zigarettenschmuggels die Telefonüberwachung einsetzen zu können, da die hier einschlägige Vorschrift der Steuerhinterziehung keine Katalogtat im Sinne des § 100a StPO ist. Da sich der Vorwurf des § 129 StGB (Bildung einer kriminellen Vereinigung) im Hauptverfahren nicht aufrechterhalten ließ, erfolgte insoweit eine Einstellung nach § 154 StPO.

4.5 Wird die Telefonüberwachung zur Bekämpfung der Organisierten Kriminalität eingesetzt?

In den letzten Jahren wurden verschiedene neue Straftaten in den Katalog des § 100a StPO eingefügt. Zur Begründung wurde vielfach auf die Notwendigkeit zur Bekämpfung der Organisierten Kriminalität verwiesen. Tatsächlich lässt sich feststellen, dass Telefonüberwachungen häufig seitens der Abteilung zur Bekämpfung der Organisierten Kriminalität beantragt werden. Knapp die Hälfte der gemeldeten Telefonüberwachungen (47 Prozent) wurde von diesen Abteilungen initiiert. Es ist allerdings darauf hinzuweisen, dass – in Anbetracht der wenig praxistauglichen Definition von Organisierter Kriminalität[17] – hier keine Überprüfung der staatsanwaltschaftlichen Einschätzung im Hinblick darauf vorgenommen wurde, ob die vorgeworfenen Straftaten tatsächlich der Organisierten Kriminalität zuzuordnen sind.

Graphik 9
Staatsanwaltschaftliche Abteilungen, in denen Telefonüberwachungen angeordnet bzw. beantragt werden

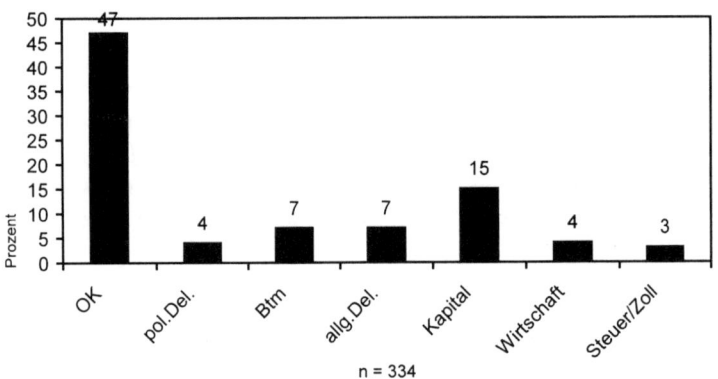

In der untersuchten Staatsanwaltschaft D war eine Zuordnung nicht möglich, da diese die sonst übliche Aufteilung nach Abteilungen über das Aktenzeichen nicht vorgenommen hatte.

---

[17] Definition in den „Gemeinsamen Richtlinien der Justizminister/-senatoren der Länder über die Zusammenarbeit von Staatsanwaltschaft und Polizei bei der Verfolgung der Organisierten Kriminalität".

Vergleicht man die untersuchten Staatsanwaltschaften danach, ob die Telefonüberwachungen durchgängig vorrangig zur Bekämpfung der Organisierten Kriminalität eingesetzt werden, so zeigen sich deutliche Unterschiede: So werden in den eher großstädtisch geprägten Staatsanwaltschaften A und C offenbar Schwerpunkte ganz unterschiedlich gesetzt. Während in Staatsanwaltschaft C die OK-Abteilung nur 37 Prozent der Telefonüberwachungen beantragt hat, liegt der entsprechende Anteil in A bei 76 Prozent.

Graphik 10

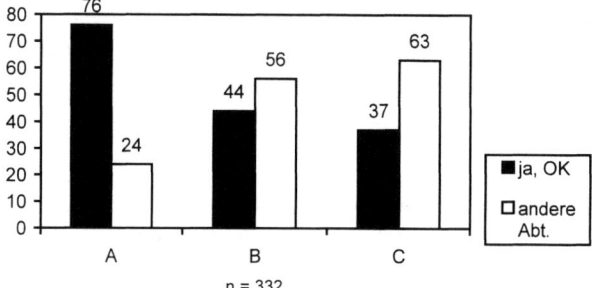

In Staatsanwaltschaft D wurde die sonst übliche Einteilung nach Abteilungen über das Aktenzeichen nicht vorgenommen. Dementsprechend konnte hier eine Zuordnung nicht erfolgen.

Seitens der Strafverfolgungsbehörden wird vielfach vorgetragen, dass die Telefonüberwachung unerlässlich sei, wenn es darum geht, Erkenntnisse über geschlossene Tätergruppen zu gewinnen. Diese Behauptung lässt sich durch die vorliegende Untersuchung nur partiell bestätigen: So ergibt sich, dass in knapp 45 Prozent der Fälle das Ermittlungsverfahren gegen nur einen Tatverdächtigen eingeleitet wird. Demgegenüber richtet sich das Ermittlungsverfahren nur in 6 Prozent der Fälle gegen mehr als 4 Tatverdächtige. Dieses Bild ändert sich jedoch im Laufe der Ermittlungen: Zum Zeitpunkt der Abschlussentscheidung der Staatsanwaltschaft wird das Verfahren in gut 26 Prozent der Fälle gegen mehr als 4 Tatverdächtige geführt.

Graphik 11
Anzahl der Tatverdächtigen bei Abschlussverfügung

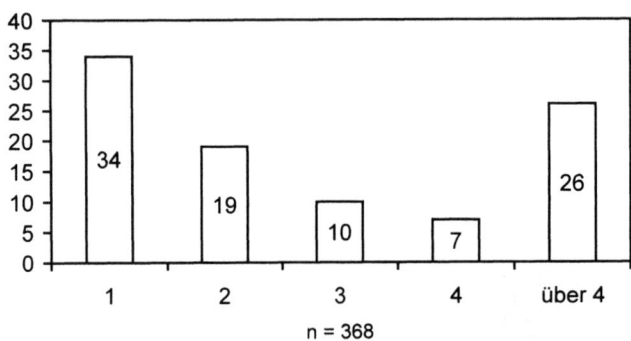

Die fehlenden Telefonüberwachungen sind darauf zurückzuführen, dass zum Zeitpunkt der Erhebung noch nicht alle Verfahren abgeschlossen waren oder bei Abschluss des Ermittlungsverfahrens in einigen Fällen kein Tatverdächtiger ermittelt worden war.

Auffällig in diesem Zusammenhang ist, dass auch im Bereich der OK-Abteilungen die Tatverdächtigenzahlen zum Zeitpunkt der Abschlussverfügung nicht signifikant über den Tatverdächtigenzahlen anderer Abteilungen lagen.

4.6 Welcher Nationalität gehören die Tatverdächtigen an?

Hinsichtlich der Nationalität der Tatverdächtigen, gegen die mittels Telefonüberwachung ermittelt wurde, ergibt sich, dass Telefonüberwachungen häufig gegen nicht-deutsche Tatverdächtige eingesetzt werden.

Graphik 12

Nationalitäten der Tatverdächtigen

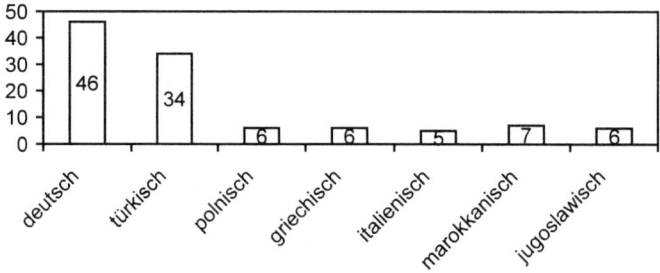

n = 381; Mehrfachnennungen möglich
aufgezeigt nur Nationalitäten ab 5 Prozent

Untersucht wurde die Nationalität der oder des Tatverdächtigen zu Beginn des Ermittlungsverfahrens.

In rund 46 Prozent der Fälle wird das Ermittlungsverfahren – zumindest auch – gegen deutsche Tatverdächtige geführt. Die nächstgrößere Gruppe bilden die türkischen Tatverdächtigen mit rund 34 Prozent, in 8,2 Prozent der Fälle richtet sich die Telefonüberwachung gegen polnische Tatverdächtige.
Dabei ist zu beachten, dass in einzelnen Verfahren auch gegen Tatverdächtige unterschiedlicher Nationalitäten ermittelt wird. Insoweit werden 21 Prozent der Telefonüberwachungen in Verfahren angeordnet, die Tatverdächtige unterschiedlicher Nationalitäten enthielten.
Auffallend ist, dass die Staatsangehörigkeiten der Tatverdächtigen zwischen den untersuchten Landgerichtsbezirken stark voneinander abweichen, wobei der Anteil der nicht-deutschen Tatverdächtigen von 45 Prozent bis 63 Prozent reicht. Dabei richtete sich in drei der untersuchten Landgerichtsbezirke die Telefonüberwachung überwiegend gegen nicht-deutsche Tatverdächtige, wohingegen in dem vierten Landgerichtsbezirk deutlich mehr Telefonüberwachungen in Verfahren geschaltet wurden, die gegen deutsche Tatverdächtige geführt wurden.
Bemerkenswert ist, dass der Ausländeranteil in dem Landgerichtsbezirk, in dem die meisten gegen ausländische Tatverdächtige gerichteten Telefonüberwachungen durchgeführt wurden, einen vergleichsweise geringen Ausländeranteil im Bevölkerungsdurchschnitt aufweist (8,9 Prozent). Das gleiche gilt auch für den Landgerichtsbezirk B, dessen Ausländeranteil lediglich bei 6,9 Prozent liegt.

Demgegenüber ist der Ausländeranteil an der Gesamtbevölkerung in der Staatsanwaltschaft C vergleichsweise hoch (12,9 Prozent), die Anzahl der Telefonüberwachungen, die sich gegen nicht-deutsche Tatverdächtige richtet, im Vergleich zu den übrigen Staatsanwaltschaften gering.

Graphik 13

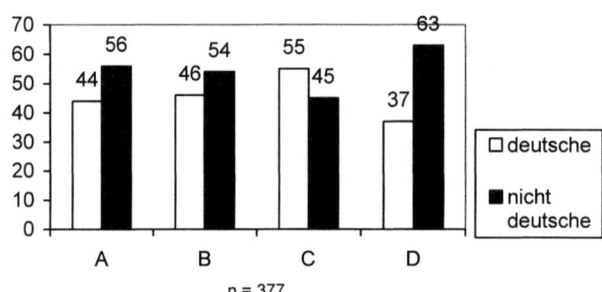

Nationalität der Tatverdächtigen differenziert nach LG-Bezirken

Graphik 14

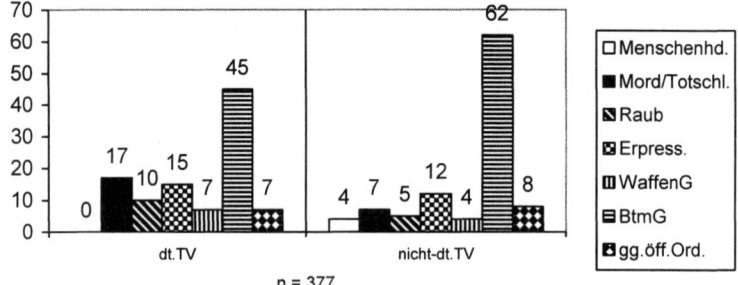

Deutsche und nicht-deutsche Tatverdächtige verteilt auf die häufigsten Deliktsgruppen

Betrachtet man den Anteil deutscher und ausländischer Tatverdächtiger hinsichtlich der wichtigsten Deliktsgruppen, so fällt auf, dass nicht-deutsche Tatverdächtige in deutlich höherem Maße wegen Verstoßes gegen das Betäubungsmittelgesetz überwacht werden. Demgegenüber werden deutsche Tatverdächtige in höherem Maße wegen solcher Delikte abgehört, die nicht der Kontrollkriminalität zuzuordnen sind, d.h. Mord, Totschlag, Raub und Erpressung.

4.7 Welche Rolle spielen Vertrauenspersonen im Ermittlungsverfahren?

Der Einsatz von Vertrauenspersonen im Ermittlungsverfahren wird – so haben die Aussagen der Interviewpartner aus den Reihen von Polizei und Staatsanwaltschaft gezeigt – vielfach als besonders problematisch angesehen. So sind in der Regel in der Akte keine Angaben über Motive oder Glaubwürdigkeit der Vertrauensperson zu finden, obwohl V-Leute oftmals aus dem Milieu stammen und möglicherweise eigene Interessen mit der Aussage verfolgen.

Vergleicht man, in welchem Umfang Telefonüberwachungen in den verschiedenen Landgerichtsbezirken auf die Aussage einer Vertrauensperson zurückgehen, so ergibt sich folgendes Bild:

Graphik 15

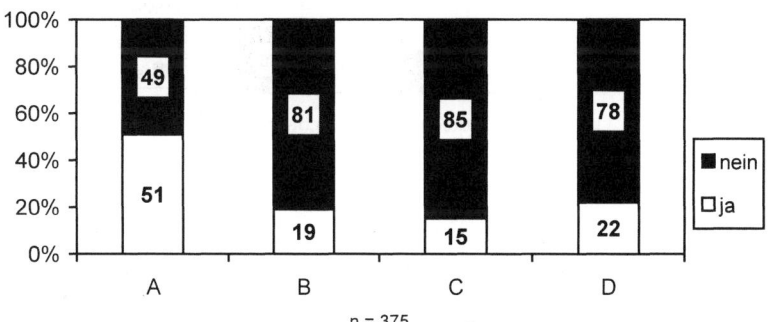

In dieser Graphik nicht enthalten sind 6 Telefonüberwachungen, bei denen die Art der Kenntniserlangung nicht aus der Akte hervorging.

Während im Landgerichtsbezirk C lediglich in 15 Prozent der Fälle der Anfangsverdacht – zumindest auch[18] – auf den Angaben einer Vertrauensperson beruht, liegt dieser Anteil im LG-Bezirk A bei rund 51 Prozent. Dies lässt sich im wesentlichen dadurch erklären, dass bei der Staatsanwaltschaft A der ganz überwiegende Teil der gemeldeten Telefonüberwachungen zur Bekämpfung der Organisierten Kriminalität beantragt werden; in diesem Bereich der Kontrollkriminalität liegt der Einsatz von V-Leuten nahe.

Gemeinhin wird die Notwendigkeit des Einsatzes von Vertrauenspersonen unter anderem damit begründet, dass es auf andere Weise kaum möglich sei, in die – sich stark abschottenden – ausländischen Tätergruppen einzudringen. Die Untersuchung zeigt, dass diese Begründung sich nur eingeschränkt durch die Praxis bestätigen lässt. So erfolgt der Einsatz der Vertrauenspersonen zwar grundsätzlich häufiger gegenüber nicht-deutschen Tatverdächtigen, ein signifikanter Zusammenhang lässt sich jedoch insoweit nicht feststellen.

Graphik 16

**Einsatz einer V-Person
differenziert nach Nationalität der TV**

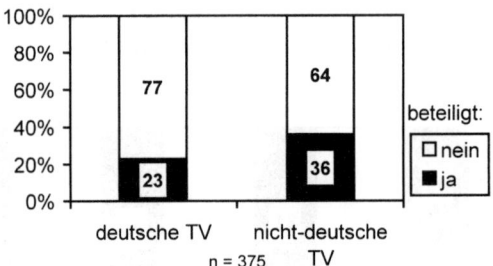

Es stellt sich ferner die Frage, ob Vertrauenspersonen tatsächlich in Bereichen eingesetzt werden, wo „opferlose Delikte" vorherrschen oder die Anzeigebereitschaft jedenfalls gering ist. Diese These lässt sich bestätigen: In Abteilungen, die sich wesentlich auf die Bekämpfung von Straftaten konzentrieren, welche der sogenannten Kontrollkriminalität zugerechnet werden, beginnt ein Strafverfahren in überdurchschnittlich vielen Fällen durch den Hinweis einer Vertrau-

---

[18] Dies bedeutet, dass die Schöpfung des Anfangsverdachtes entweder ausschließlich oder im Zusammenwirken mit anderen Erkenntnissen, z.B. aus einer TÜ, auf die Aussage einer VP zurückzuführen ist.

ensperson. Dies hängt sicher auch damit zusammen, dass in jenen Kriminalitätsbereichen eher selten Anzeigen erstattet werden, vielmehr Polizei und Staatsanwaltschaft auf proaktive Ermittlungstätigkeit angewiesen sind.

Graphik 17

**Einsatz einer V-Person
differenziert nach Abteilungen**

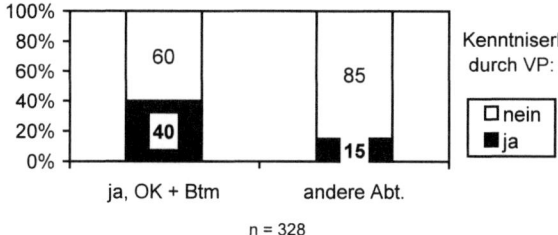

Die fehlenden Fälle sind darauf zurückzuführen, dass in einer Staatsanwaltschaft eine abteilungsspezifische Zuordnung nicht erfolgen konnte (47 Maßnahmen), und es in weiteren 6 Fällen nicht aus der Akte ersichtlich war, auf welche Weise die Strafverfolgungsbehörden von dem Anfangsverdacht Kenntnis erlangt hatten.

4.8 Rolle der Verfahrensbeteiligten

4.8.1 Rolle der Polizei

Im Rahmen der Telefonüberwachung hat der Gesetzgeber allein der Staatsanwaltschaft als Herrin des Ermittlungsverfahrens ein Antragsrecht eingeräumt. Gleichwohl geht die Initiative für die Telefonüberwachung in der Praxis in den meisten Fällen von der Polizei aus. In 88 Prozent lässt sich der Akte entnehmen, dass die Polizei eine schriftliche Anregung auf Beantragung einer Telefonüberwachung gefertigt hat.

Graphik 18
Geht die Telefonüberwachung auf ein polizeiliches Ersuchen zurück?

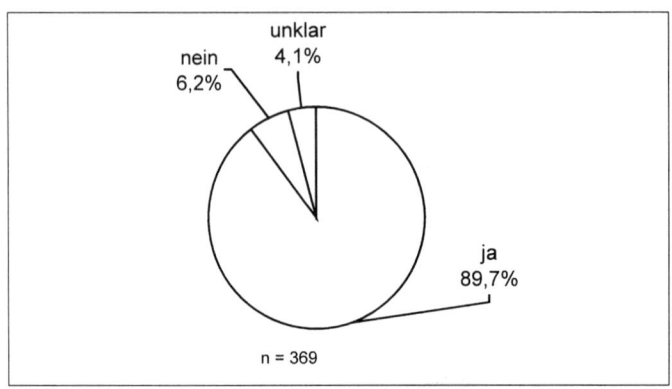

Unklar bedeutet: es fand sich kein schriftliches Ersuchen in der Akte; allerdings fand möglicherweise ein Telefongespräch statt, dessen Inhalt nicht in der Akte enthalten ist. Die fehlenden Fälle sind darauf zurückzuführen, dass es nicht aus der Akte ersichtlich war, ob ein polizeiliches Ersuchen gefertigt worden war, etwa weil nur eine unvollständige Akte zur Auswertung vorlag.

Wie die nachfolgende Graphik zeigt, ist die Staatsanwaltschaft in fast allen diesen Fällen (97 Prozent) dem polizeilichen Ersuchen durch Stellung eines entsprechenden Antrages nachgekommen:

Graphik 19
Hat die StA das Ersuchen der Polizei in einen entsprechenden Antrag umgesetzt?

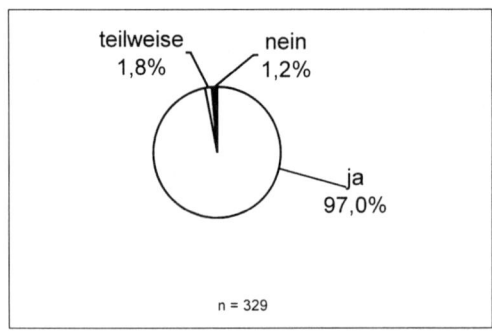

Es ist zu vermuten, dass der Einsatz einer Ermittlungsmaßnahme maßgeblich von der Polizei bestimmt wird. Aus den Gesprächen mit Polizeibeamten und Staatsanwälten geht allerdings hervor, dass die Frage der Durchführung der Maßnahme oftmals vorab diskutiert und dann bisweilen von der Staatsanwaltschaft mündlich abgelehnt wird, ohne dass ein entsprechender Vermerk in die Akte eingeht. Insbesondere in den Spezialabteilungen wird – so erklärten Staatsanwälte und Polizeibeamte übereinstimmend – die Frage des „Ob" und „Wie" bestimmter Ermittlungsmaßnahmen zu Beginn des Ermittlungsverfahrens miteinander diskutiert, so dass sich die Frage der Ablehnung einer Telefonüberwachung selten stellt. Vgl. dazu im einzelnen die Aussagen von Polizeibeamten unten 5.1.1 („Verfahrensmäßiger Ablauf einer Telefonüberwachung").

Dennoch ließ sich feststellen, dass der Einfluss der Polizei auch bei der Begründung der Maßnahme nicht unbeträchtlich ist: So haben die Staatsanwälte ihren Antrag an den Ermittlungsrichter auf Erlass eines Telefonüberwachungsbeschlusses in etwa der Hälfte der Fälle zumindest teilweise mit einer Bezugnahme auf das Ersuchen der Polizei begründet. Dies bedeutet, dass der Staatsanwalt keine oder nur wenige eigene Ausführungen zum Sachverhalt macht, vielmehr auf die entsprechenden Blätter der Akte verweist, auf welchen sich das jeweilige Ersuchen der Polizei befindet.

Graphik 20
Wurde der staatsanwaltschaftliche Antrag durch Bezugnahme auf das Ersuchen der Polizei begründet?

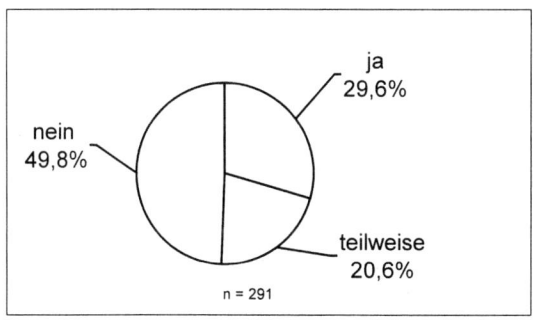

Auffallend ist, dass vor Antragstellung von Polizei oder Staatsanwaltschaft in rund der Hälfte der Fälle Auskünfte über vorausgehende Ermittlungsverfahren, vor allem zu Vorstrafen der Beschuldigten, eingeholt wurden.

Zu Beginn des Projektes wurde diesbezüglich die Hypothese gebildet, dass die Polizei insbesondere in den Fällen Auskünfte über Vorstrafen einholt, in denen Vertrauenspersonen den tatverdachtsauslösenden Sachverhalt geliefert hatten, um in diesen Fällen einen möglicherweise lückenhaften oder zweifelhaften Tatsachenvortrag zu unterstützen. Diese Annahme ließ sich jedoch nicht verifizieren. Zwar hat die Polizei in rund einem Viertel dieser Fälle (26 Prozent) Auskünfte eingeholt, allerdings lag sie insoweit unter dem Durchschnitt. Überdurchschnittlich häufig erfolgte eine entsprechende Abfrage hingegen in den Fällen, in denen eigene Ermittlungen Auslöser des Ermittlungsverfahrens waren.

Graphik 21
**Hängt die Einholung von Auskünften
über Vorstrafen von der Art der Verdachtsschöpfung ab?**

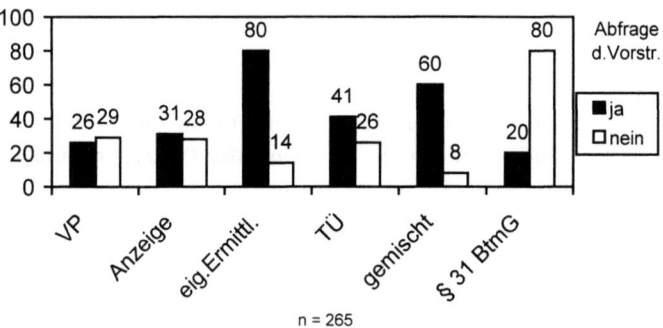

In den übrigen Fällen liefen die Ermittlungen gegen Unbekannt oder die Abfrage von Vorstrafen war nicht aus der Akte ersichtlich.

Insoweit scheint die Einholung von derartigen Informationen eher von der ortsüblichen Praxis abzuhängen. Während in C fast immer (sofern sich die Ermittlungen nicht gegen Unbekannt richteten) entsprechende Abfragen erfolgen, werden in den anderen Bezirken nur in 50 bis 60 Prozent der Fälle Auskünfte eingeholt.

Graphik 22

Werden in den LG-Bezirken unterschiedlich häufig Vorstrafen abgefragt?

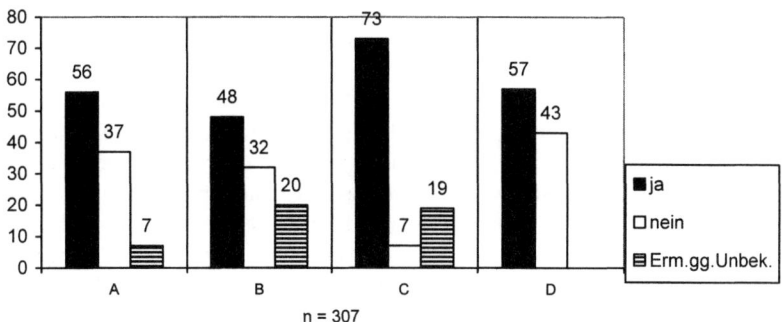

n = 307

In den übrigen Fällen war die Abfrage von Vorstrafen bzw. vorangegangenen Ermittlungsverfahren nicht ersichtlich.

In 15 Prozent der untersuchten Telefonüberwachungen fanden sich in der Akte Hinweise darauf, dass der dem Verfahren zugrunde liegende Sachverhalt vor der Telefonüberwachungsanregung nicht vollständig in der Akte dokumentiert wurde; so war beispielsweise in einem Verfahren aus der Akte zunächst nicht rekonstruierbar, warum zu einem bestimmten Zeitpunkt eine Razzia durchgeführt wurde. Später ergab sich, dass ein entsprechender Hinweis aus der Szene erfolgt war.

Teilweise wurden Aktenbestandteile nachgeheftet, die zeitlich offenbar schon vor der TÜ-Anregung gefertigt worden waren.

4.8.2   Rolle der Staatsanwaltschaft

Es stellt sich hier die Frage, in welchem Umfang die Staatsanwaltschaft die ihr vom Gesetz zugewiesene Funktion als „Herrin des Ermittlungsverfahrens" in der Praxis noch wahrnimmt. Auffallend war, dass die Staatsanwaltschaft in immerhin 28 Prozent der Fälle ihren Antrag auf Telefonüberwachung ausschließlich durch Bezugnahme auf das polizeiliche Ersuchen begründete, in weiteren zehn Prozent wurde das polizeiliche Ersuchen wörtlich übernommen. Ferner wurde, wie aus den Akten ersichtlich, lediglich in rund 21 Prozent Rückfragen an die Polizei gerichtet.

Die Antwort auf die gestellte Frage lässt sich nur ansatzweise in den Akten finden, da insbesondere die mündliche Kommunikation zwischen den Behörden höchst selten Eingang in die Akte findet. Am ergiebigsten waren deshalb hier die mit den Polizeibeamten und Staatsanwälten durchgeführten Interviews. Vgl. dazu ausführlich Kapitel 5.2.8.3 („Selbstverständnis der Staatsanwälte") sowie 5.1.3 („Akzeptanz der staatsanwaltschaftlichen Entscheidungen").

Untersucht wurde weiterhin, welche Rolle dem Staatsanwalt gegenüber dem Ermittlungsrichter zukommt. In welchem Umfang übernimmt der Richter die Ausführungen des Staatsanwaltes? Um dies festzustellen, wurden die staatsanwaltschaftlichen Anträge zunächst auf Vollständigkeit untersucht. Dabei ist anzumerken, dass die Anträge der Staatsanwaltschaft von Gesetzes wegen nicht notwendigerweise Ausführungen zu allen Voraussetzungen der Telefonüberwachungsmaßnahme enthalten müssen, die im späteren Beschluss darzulegen sind. Eine Überprüfung der Anträge erfolgte in dieser Hinsicht dennoch, um feststellen zu können, in welcher Weise sich eine umfangreiche Antragsbegründung auf den richterlichen Beschluss auswirkt.
Die Anträge wurden auf das Vorhandensein folgender Voraussetzungen hin untersucht:

1. Wurde die Katalogtat, deretwegen die Beantragung erfolgte, genannt?
2. Finden sich im Antrag einzelfallspezifische Ausführungen, die es erlauben, den Tatverdacht unter den Wortlaut der Norm zu subsumieren?
3. Finden sich einzelfallbezogene Ausführungen zu der Frage, ob andere Ermittlungsmaßnahmen aussichtslos oder jedenfalls erheblich weniger erfolgversprechend sind (Subsidiaritätsprinzip)?

Durch eine Kombination der Kriterien wurden die Anträge in drei Gruppen aufgeteilt. Diese reichen von „vollständig" über „teilweise unvollständig" bis „unvollständig". Ein Antrag wurde dann als vollständig eingestuft, wenn er hinreichende einzelfallspezifische Angaben zu allen drei Kriterien enthielt. Er wurde als teilweise unvollständig bewertet, wenn der Staatsanwalt zu wenigstens einer der drei genannten Kategorien hinreichende Angaben machte. Unvollständig schließlich war er dann, wenn er keinerlei ausreichende Angaben zu den beschrieben Kategorien enthielt bzw. überhaupt nicht begründet wurde.
Die Anträge, die hinreichende Angaben zu allen drei Merkmalen enthalten, machen lediglich einen Anteil von gut 21 Prozent aus. Den größten Teil bildet die Gruppe der Anträge, die hinreichende Angaben zu einem, höchstens jedoch zu zwei der Merkmale enthalten. 26 Prozent der Fälle sind völlig unvollständig.

Graphik 23

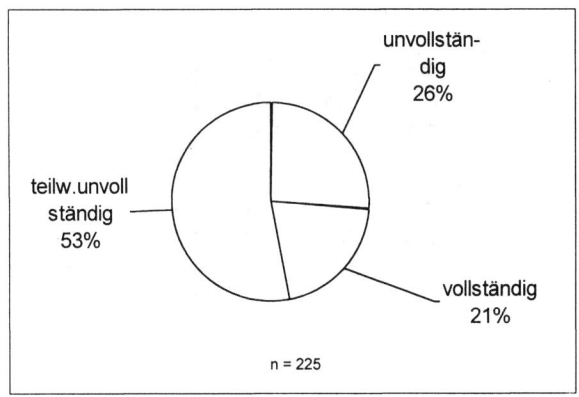

Vollständigkeitsindex des staatsanwaltschaftlichen Antrags

In den übrigen Fällen war entweder kein staatsanwaltschaftlicher Antrag in der Akte vorhanden oder die Antragsbegründung erfolgte durch Bezugnahme auf das polizeiliche Ersuchen.

Der Anteil der vollständigen Anträge ist je nach Abteilung unterschiedlich. So sind die Anträge der OK-Abteilungen überdurchschnittlich häufig vollständig (38,5 Prozent), d.h., sie enthalten hinreichende Angaben zu allen drei Merkmalen, während aus den Allgemeinen Abteilungen kein einziger vollständiger Antrag registriert wurde. Dies lässt sich darauf zurückführen, dass in den Allgemeinen Abteilungen die Maßnahme der Telefonüberwachung eher selten eingesetzt wird und die Staatsanwälte mit der Beantragung der Maßnahme daher wenig vertraut sind. Demgegenüber haben Interviewpartner in den OK- Abteilungen die Telefonüberwachung als „Standardmaßnahme" zur Bekämpfung der Organisierten Kriminalität bezeichnet.

Darüber hinaus variiert der Anteil der vollständigen Anträge auch zwischen den einzelnen Staatsanwaltschaften. Während in einer der untersuchten Staatsanwaltschaften kein einziger vollständiger Antrag registriert werden konnte, beträgt der Anteil einer anderen Staatsanwaltschaft hingegen 36,1 Prozent.

Graphik 24
Vollständigkeit des staatsanwaltschaftlichen Antrags in den LG-Bezirken

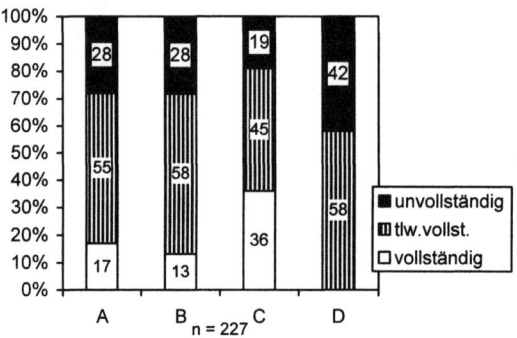

4.8.3 Rolle des Richters

Dem Richter ist nach dem Willen des Gesetzgebers die eigentliche Kontrollfunktion zugewiesen. Es ist seine Aufgabe, Angaben zu allen vom Gesetzgeber geforderten Merkmalen zu machen, insbesondere die Belange des potentiell Betroffenen zu prüfen. Es hat sich gezeigt, dass die Ermittlungsrichter diese Aufgabe in der überwiegenden Zahl der Fälle nur sehr eingeschränkt wahrnehmen. Dies wurde sowohl durch die Auswertung der Verfahrensakten als auch in den mit Staatsanwälten und Richtern geführten Interviews deutlich. Eine Ablehnung des staatsanwaltschaftlichen Antrages konnte lediglich in einem Fall (0,3 Prozent) festgestellt werden, wobei sich diese auf mangelnden Tatverdacht gründete. Wie bereits oben dargestellt, kann die geringe Ablehnungsquote nicht unbedingt auf die Qualität des staatsanwaltlichen Antrags zurückgeführt werden, da zumindest 79,7 Prozent der Anträge nur eine unzureichende Begründung enthielten.

Zur Dokumentation der durchgeführten Kontrolle muss der Richter in seinem Beschluss auf den vorliegenden Einzelfall bezogene Ausführungen zu den drei im Gesetz genannten Merkmalen machen. Dabei geht die Rechtsprechung allerdings davon aus, dass explizite Ausführungen zum Verhältnismäßigkeitsgrundsatz nicht erforderlich sind, sofern der Richter eine Auseinandersetzung mit ihm erkennen lässt[19]. In welcher Art und Weise diese Auseinandersetzung dokumentiert werden muss, hat die Rechtsprechung allerdings nicht ausgeführt. Dementsprechend wurde auf die Überprüfung von Ausführungen zum Verhältnismäßigkeitsgrundsatz – neben der Subsidiaritätsklausel – verzichtet.

Es zeigt sich bei Anwendung des dargestellten Vollständigkeitsindexes auf die richterlichen Beschlüsse, dass nur 24 Prozent der Beschlüsse den gesetzlichen Anforderungen in vollem Umfang entsprechen. Der weitaus größte Teil der Anträge, nämlich gut 66 Prozent, enthält lediglich zu einem oder zwei der geforderten Merkmale hinreichende Angaben. Schließlich sind fast 10 Prozent der richterlichen Beschlüsse völlig unvollständig, d.h. sie enthalten keine hinreichenden Angaben auch nur zu einem der drei gesetzlich geforderten Merkmale.
Es ergibt sich insoweit folgendes Bild:

Graphik 25

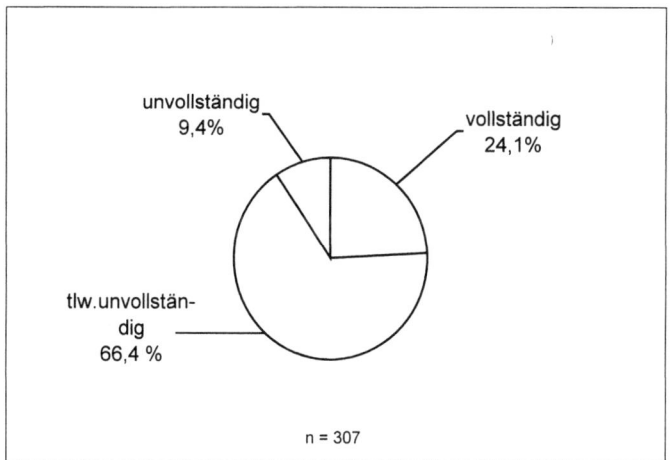

---

[19] BVerfG NJW 71, 275. Es ist streitig, ob der Verhältnismäßigkeitsgrundsatz überhaupt neben der Subsidiaritätsklausel zu prüfen ist oder ob diese nicht vielmehr eine besondere Ausprägung des Verhältnismäßigkeitsgrundsatzes darstellt.

Dabei lassen sich gravierende Unterschiede zwischen den verschiedenen Landgerichtsbezirken feststellen:

Graphik 26

Beschlüsse
differenziert nach Landgerichtsbezirken

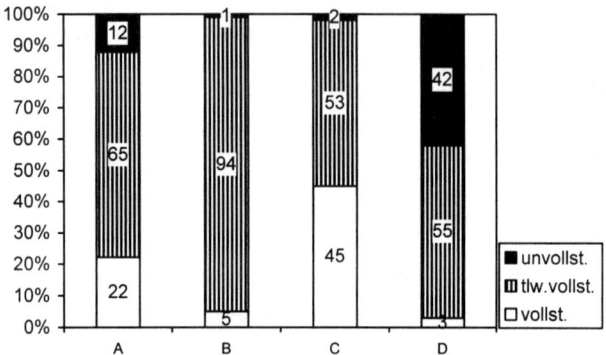

Es fällt insoweit auf, dass gerade die überwiegend ländlich geprägten Landgerichtsbezirke einen eher niedrigen Anteil an vollständigen Beschlüssen aufweisen. Dies dürfte daran liegen, dass an den kleineren ländlichen Amtsgerichten keine vorwiegend mit ermittlungsrichterlicher Tätigkeit befassten Richter tätig sind.

Neben der Vollständigkeit der richterlichen Beschlüsse stellt sich die Frage, inwieweit der Richter faktisch eine Kontrollfunktion wahrnimmt. Hierzu wurde überprüft, in welchem Umfang er staatsanwaltschaftliche Anträge übernimmt oder gegebenenfalls abändert, um so Kommunikations- und mögliche Beeinflussungsstrategien feststellen zu können.

Es hat sich gezeigt, dass sich die Ermittlungsrichter häufig stärker von der Form des staatsanwaltschaftlichen Antrages beeinflussen lassen als durch seinen Inhalt. So entfaltet ein durch den Staatsanwalt vorformulierter Beschlussentwurf[20] offenbar eine nicht zu unterschätzende Sogwirkung:

---

[20] Das bedeutet, dass die Staatsanwälte einen kompletten Beschluss in der entsprechenden Form gefertigt haben, in den der Richter lediglich das entsprechende Aktenzeichen einzutragen und zu unterschreiben hatte.

Graphik 27

Übernahme des staatsanwaltschaftlichen Beschlussentwurfs durch den Richter

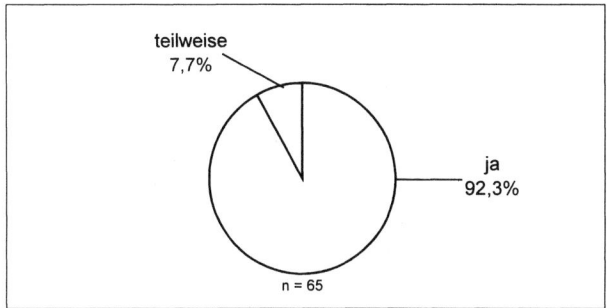

Nur in 65 Fällen hatte der Staatsanwalt seinem Antrag einen Beschlussentwurf beigefügt.

Hier konnte festgestellt werden, dass der Richter den Beschlussentwurf in 60 Fällen ohne Veränderung so unterschrieben hat, wie er vom Staatsanwalt gefertigt worden war, lediglich in 5 Fällen hatte er eine Änderung vorgenommen.
Dem könnte entgegengehalten werden, dass die Beschlussentwürfe besonders gut vorbereitet seien und der Richter sie deshalb ohne weiteres übernehmen könne. Das Gegenteil ist der Fall. Wie die nachfolgende Graphik zeigt, sind die wörtlich übernommenen Beschlussentwürfe sogar überdurchschnittlich fehlerhaft:

Graphik 28
Vollständigkeit des Beschlussentwurfs

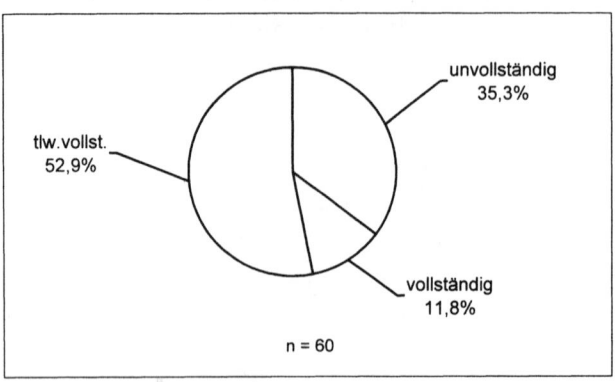

Zum Vergleich haben wir überprüft, in welchem Umfang in der üblichen Form gefasste Anträge von Richtern wörtlich übernommen wurden. Dies kam nur in rund einem Drittel der Fälle vor:

Graphik 29
Wörtliche Übernahme des staatsanwaltschaftlichen Antrags durch den Richter

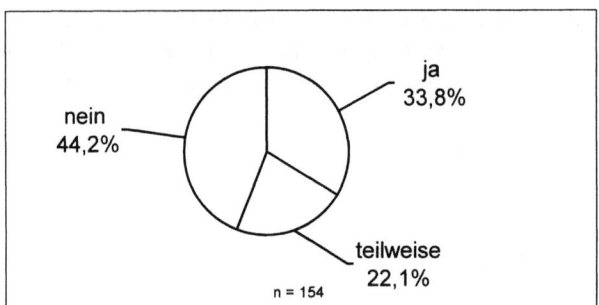

In den übrigen Fällen war entweder kein staatsanwaltschaftlicher Antrag in der Akte vorhanden oder die Begründung des Antrages erfolgte durch Bezugnahme auf das polizeiliche Ersuchen. Zudem sind die Fälle nicht in der Graphik enthalten, in denen der Staatsanwalt den Antrag in Form eines Beschlussentwurfes gefertigt hatte.

Es konnte festgestellt werden, dass die wörtlich übernommenen Anträge offenbar in weit höherem Umfang (als die Beschlussentwürfe) deshalb übernommen wurden, weil sie oftmals den gesetzlichen Anforderungen entsprachen, wie sich aus der folgenden Graphik ergibt:

Graphik 30
Vollständigkeit der wörtlich übernommenen Anträge

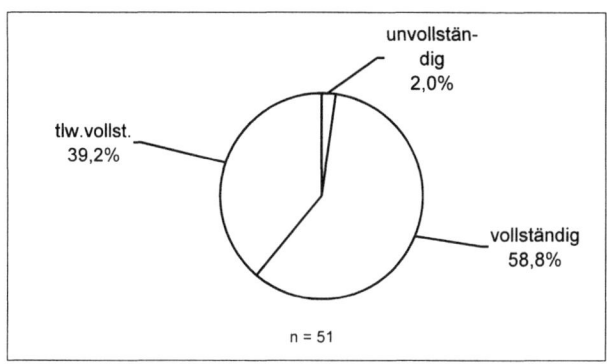

Über die Frage der wörtlichen Übernahme hinaus konnte festgestellt werden, dass sich nur in ungefähr 5 Prozent der richterlichen Beschlüsse zusätzliche inhaltliche Argumente fanden, die bislang weder im polizeilichen Ersuchen noch im staatsanwaltschaftlichen Antrag enthalten waren.

Wie stark die Qualität des richterlichen Beschlusses von der Vollständigkeit des staatsanwaltschaftlichen Antrags abhängt, zeigt Graphik 31. Lediglich in 13 Prozent der Fälle, in denen der staatsanwaltschaftliche Antrag eine unzureichende Begründung enthielt, hat der Richter eigenständig einen vollständig den gesetzlichen Vorgaben entsprechenden Beschluss erlassen. Demgegenüber liegt die Quote der vollständigen Beschlüsse bei 70 Prozent, wenn der Staatsanwalt bereits einen kompletten Antrag verfasst hat. In rund 30 Prozent der Fälle, in denen der staatsanwaltschaftliche Antrag eine vollständige Begründung enthält, hat der Richter diesen Antrag „verschlechtert", indem er die Begründung so abgeändert hat, dass sie nicht mehr den gesetzlichen Vorgaben für einen richterlichen Beschluss entsprach.

Graphik 31

Vollständigkeit des richterlichen Beschlusses in Abhängigkeit vom staatsanwaltschaftlichen Antrag

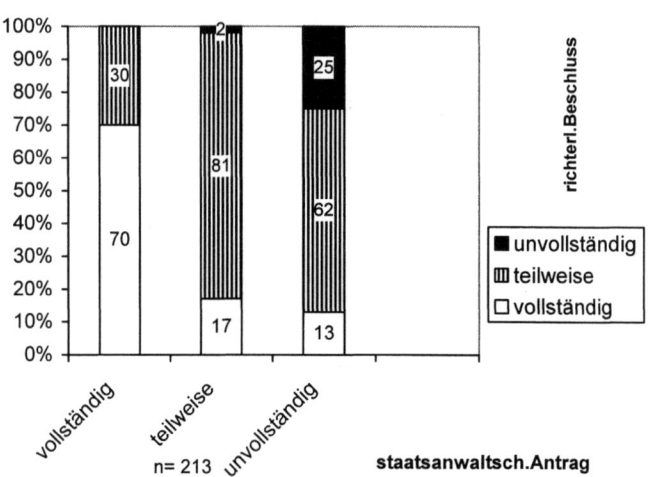

In den übrigen Fällen war entweder kein staatsanwaltschaftlicher Antrag in der Akte vorhanden, der Staatsanwalt hatte seinen Antrag durch Bezugnahme auf das polizeiliche Ersuchen begründet oder es war kein richterlicher Beschluss in der Akte vorhanden bzw. es erfolgte eine Ablehnung (1 Fall).

In dem Zusammenhang stellt sich die Frage, inwieweit der Richter seiner Kontrollfunktion gerecht wird und unvollständige Antragsbegründungen in seinen Beschlüssen vervollständigt.

Die Untersuchung hat gezeigt, dass das Gegenteil der Fall ist: So weisen in den meisten Fällen, in denen die Antragsbegründung zum Beispiel unzureichende Ausführungen zum Tatverdacht enthält, auch die richterlichen Beschlüsse nur ungenügende Angaben hinsichtlich des Tatverdachts auf. Ebenfalls ließen sich hochsignifikante Zusammenhänge bei der Nennung der Katalogtat und den einzelfallspezifischen Ausführungen zur Subsidiarität feststellen.

Graphik 32
**Hinrichende Angaben zum Tatverdacht im Beschluss
in Abhängigkeit vom staatsanwaltschaftlichen Antrag**

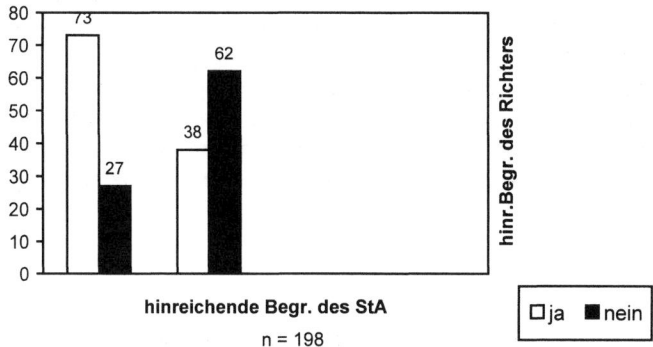

In den übrigen Fällen war entweder eine Bewertung des Inhalts des staatsanwaltschaftlichen Antrages oder aber der des richterlichen Beschlusses nicht möglich.

Weiterhin fiel auf, dass die Richter in den Ermittlungsverfahren, in denen bereits zu einem früheren Zeitpunkt ein Telefonüberwachungsbeschluss ergangen war, dessen Begründung oftmals ganz (21,27 Prozent) oder teilweise (45,21 Prozent) übernahmen.

In gut der Hälfte der Fälle (51,4 Prozent) hat der Richter mehrere Telefonüberwachungen gleichzeitig angeordnet, wobei diese in rund 46 Prozent der Maßnahmen in einem einzigen Beschluss zusammengefasst wurden, was offenbar auch der Reduktion von Arbeits- und Prüfungsaufwand diente. Unter dem Aspekt des Grundrechtsschutzes erscheint diese Zusammenfassung problematisch, da es unter diesen Umständen nur schwer möglich ist, die Ausführungen des Beschlusses den möglicherweise unterschiedlichen Grundrechtsträgern zuzuordnen. Wurden die Anordnungen nicht in einem einzigen Beschluss zusammengefasst, so konnte jedoch festgestellt werden, dass die richterlichen Beschlüsse in rund 65 Prozent der Fälle einen identischen Wortlaut hatten.

Bemerkenswert hinsichtlich der angeordneten Dauer der Telefonüberwachungsmaßnahme ist die Tatsache, dass der Richter in rund 90 Prozent der Fälle die Maximalzeit von drei Monaten angeordnet hat. In einem Fall kam es vor, dass der Ermittlungsrichter über die vom Staatsanwalt beantragte Dauer von zwei Monaten hinaus – offenbar automatisch – Maximalzeit anordnete. Nur in einem verschwindend geringen Anteil (1,3 Prozent der Fälle) hat der Richter die von ihm angeordnete Dauer begründet.

Ähnliche Befunde ergeben sich auch dann, wenn der Staatsanwalt einen Antrag auf Verlängerung der Telefonüberwachung stellte. Diesem wurde in allen Fällen stattgegeben, wobei der richterliche Verlängerungsbeschluss in 11 Prozent der Fälle überhaupt keine Begründung enthielt. In lediglich 30 Prozent der Fälle hat der Ermittlungsrichter eine neue, eigenständige Begründung verfasst, in den übrigen Fällen hat er ganz oder teilweise auf den Ursprungsbeschluss Bezug genommen, obwohl zu diesem Zeitpunkt bereits drei Monate seit dem Ersterlass vergangen waren.

Graphik 33

Enthält die Verlängerungsanordnung eine neue, eigenständige Begründung?

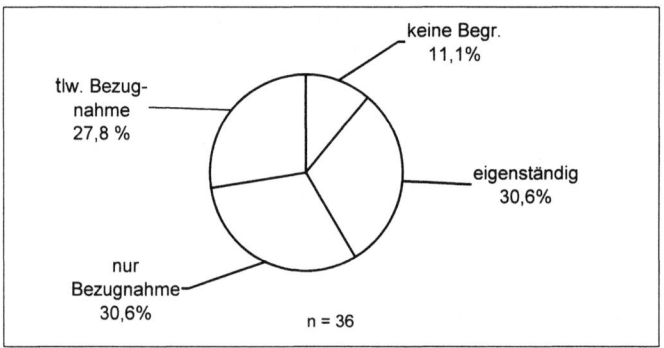

Nach den Ergebnissen der Aktenanalyse erscheint es wahrscheinlich, dass die Richter teilweise die staatsanwaltschaftlichen Ausführungen inhaltlich oder sogar wörtlich unkritisch übernehmen und ihrer gesetzlich vorgeschriebenen Kontrollfunktion nur unzureichend nachkommen. Dies ließ sich durch die Interviewergebnisse bestätigen. Hier haben wir insbesondere untersucht, in welchem Umfang der Richter sich die vollständigen Ermittlungsakten vorlegen lässt bzw. auch liest. Dazu im einzelnen unten 5.2.9.2 („Ausübung der Prüfungskompetenz").

Dabei wurde deutlich, dass die Richter bei „mundgerechten" Anträgen von ihrer Prüfungskompetenz kaum noch Gebrauch machen. Während die Richter lediglich in einem einzigen Fall den Erlass eines Telefonüberwachungsbeschlusses ablehnten, beanstandeten die Telekommunikationsunternehmen immerhin in 13 Fällen den Inhalt der Beschlüsse und lehnten ihre Durchführung ab. Dies sei – so wurde von Richtern und Staatsanwälten behauptet – möglicherweise darauf zurückzuführen, dass die Telekommunikationsunternehmen ein erhebliches Eigeninteresse daran hätten, als nicht zu kooperativ gegenüber den Strafverfolgungsbehörden zu gelten.

4.9 Gefahr im Verzug

Die Frage hinreichender richterlicher Kontrolle stellt sich auch bei Telefonüberwachungen, die aufgrund von Gefahr im Verzug angeordnet werden. Der Gesetzgeber hat vorgesehen, dass die TÜ grundsätzlich durch den Richter angeordnet werden muss. Lediglich in Fällen der Verzugsgefahr ist die Staatsanwaltschaft zur Anordnung befugt. Sie hat jedoch die richterliche Bestätigung der Maßnahme einzuholen, will sie diese länger als drei Tage durchführen.

Graphik 34

Verhältnis Regel-/Ausnahmeanordnungen

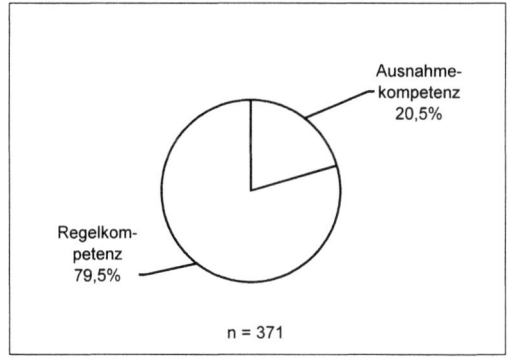

Hinsichtlich des Verhältnisses von Regel- und Ausnahmekompetenz ergab die Untersuchung, dass die Praxis insoweit auch dem gesetzlichen Leitbild entspricht: Knapp 79 Prozent der Telefonüberwachungen ergingen als Regelanordnungen. Dabei zeigte sich nur ein geringer Unterschied zwischen den nach §§ 100 a, b StPO angeordneten Telefonüberwachungen und den Abfragen der Verbindungsdaten für die Vergangenheit nach § 12 FAG.

Graphik 35

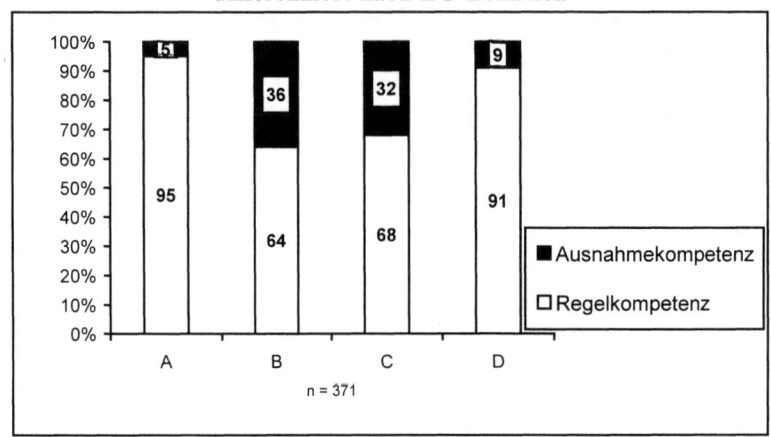

Bei einem Vergleich der untersuchten Landgerichtsbezirke zeigen sich gravierende Unterschiede hinsichtlich der Inanspruchnahme von Ausnahmekompetenzen. Während im Landgerichtsbezirk A lediglich 5 Prozent der Telefonüberwachungen im Wege staatsanwaltschaftlicher Eilkompetenz angeordnet wurden, hat die Staatsanwaltschaft B in 36 Prozent der Fälle die Maßnahme unter Bejahung der Verzugsgefahr eingeleitet.

4.9.1   Gründe für die Inanspruchnahme von Gefahr im Verzug

Die Ergebnisse der Untersuchung haben ergeben, dass hierfür im wesentlichen zwei Faktoren ursächlich sind: Zum einen die Erreichbarkeit der Richter und zum anderen die zum Teil unterschiedlichen Deliktbereiche, in denen die Telefonüberwachung schwerpunktmäßig eingesetzt wird.

Die Erreichbarkeit der Ermittlungsrichter variiert stark zwischen den Landgerichtsbezirken. Bis auf eine Ausnahme (LG-Bezirk A) wurde die schlechte Erreichbarkeit der Richter übereinstimmend von Polizeibeamten und Staatsanwälten heftig beklagt und kritisiert. Vergleiche dazu im einzelnen unten 5.1.11.1 und 5.2.9.1 („Erreichbarkeit der Richter").

Zu bemerken ist, dass in den Landgerichtsbezirken, in denen von der Ausnahmekompetenz eher selten Gebrauch gemacht wird, zugleich in bestimmten Abteilungen – die von ihrer Deliktsstruktur die Anwendung von Eilkompetenz nahe legen – keine Telefonüberwachungen durchgeführt bzw. jedenfalls nicht gemeldet wurden.

Differenziert man nach unterschiedlichen Abteilungen, so wird deutlich, dass hier charakteristische Unterschiede bestehen: Während in den OK- und den Btm-Abteilungen besonders selten von der staatsanwaltschaftlichen Anordnungskompetenz Gebrauch gemacht wird, zeigt sich in den Allgemeinen- und Kapitalabteilungen ein anderes Bild. Dort ergehen erheblich mehr Maßnahmen aufgrund staatsanwaltschaftlicher Eilanordnung. Insbesondere in den Allgemeinen Abteilungen lässt sich dieses Ergebnis auf die bereits oben beschriebene Dringlichkeit der Maßnahme zurückführen.

Graphik 36

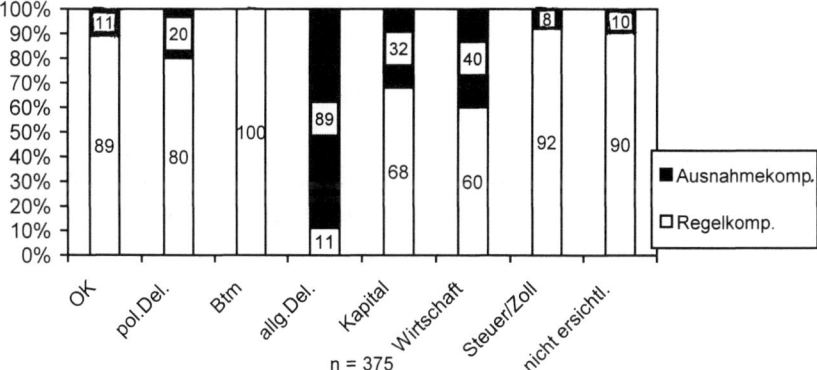

4.9.2 Dokumentation der Voraussetzungen von Gefahr im Verzug

Untersucht man die Anwendung von Eilkompetenzen im einzelnen, so ergibt sich, dass die Annahme von Gefahr im Verzug inhaltlich in den meisten Fällen jedenfalls nachvollziehbar ist, dass die ausdrückliche Dokumentation der Voraussetzungen jedoch eher die Ausnahme darstellt:
Nur in rund 24 Prozent der Fälle hat der Staatsanwalt Gründe für die Wahrnehmung der Eilkompetenz ausdrücklich in der Akte dokumentiert. In immerhin 59 Prozent der Fälle ergeben sich jedoch aus der Akte nachvollziehbare Gründe für die Inanspruchnahme der Ausnahmekompetenz, so ist z.B. vielfach bei Erpressungen die Eilbedürftigkeit aus der konkreten Situation abzuleiten. Nur in 17 Prozent der Fälle, das heißt bei 13 Telefonüberwachungen, ergaben sich aus der Akte keine nachvollziehbaren Gründe für eine Eilbedürftigkeit.

Graphik 37
Nennt der Staatsanwalt Gründe für „Gefahr im Verzug" bzw. sind diese aus der Akte ersichtlich?

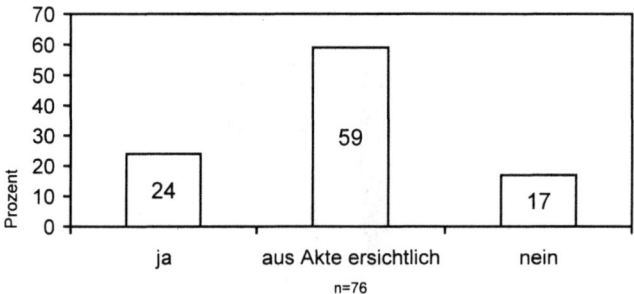

Differenziert man die Angabe von Gründen für die Annahme von Gefahr im Verzug nach Landgerichtsbezirken, zeigen sich deutliche Unterschiede. Fälle, in denen die Annahme von Gefahr im Verzug nicht aus der Akte nachvollziehbar war, gab es nur in zwei Staatsanwaltschaften, wobei dieser Anteil in B bei 30 Prozent lag. In den Staatsanwaltschaften A und D waren die Gründe für die Annahme von Gefahr im Verzug entweder in der Akte vermerkt oder zumindest konkludent aus ihr ersichtlich.

Graphik 38

Angabe von Gründen für die Annahme von „Gefahr im Verzug" differenziert nach LG-Bezirken

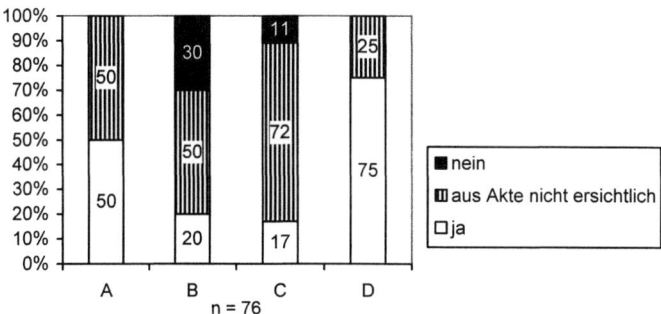

Es lässt sich weiterhin feststellen, dass die Polizei lediglich in 9 Fällen (11,8 Prozent) mit einer verspäteten Anregung auf Telefonüberwachung an die Staatsanwaltschaft herangetreten ist, obwohl sie bereits seit mindestens zwei Tagen über entsprechende Anhaltspunkte für tatverdachtsbegründende Umstände verfügte.

Das Bundesverfassungsgericht hat in seiner Entscheidung vom 20.Februar 2001 klargestellt, dass die Ermittlungsbehörden vor einer Anordnung wegen Gefahr im Verzug verpflichtet sind, den Versuch zu unternehmen, einen Richter zu erreichen. Wenn dies nicht möglich ist, sind die entsprechenden Umstände in der Akte zu dokumentieren. Diese Pflicht bestand an sich grundsätzlich schon vor diesem Urteil. Die Praxis bei der Telefonüberwachung zeigte allerdings, dass die Staatsanwälte dem kaum nachgekommen sind. Wenn die Staatsanwaltschaft vor einer Eilanordnung versucht hat, den Richter zu erreichen, so hat sie es jedenfalls in der Akte selten dokumentiert. In knapp 95 Prozent der Fälle fanden sich in der Akte keine Angaben zu einem Versuch, den Richter zu kontaktieren.

4.9.3 Vollständigkeit der Eilanordnungen

Auch eine Eilanordnung muss Ausführungen zu den gesetzlichen Voraussetzungen des § 100a StPO enthalten, also die Katalogtat nennen, einzelfallspezifische Angaben zum Tatverdacht und zur Subsidiarität enthalten. Es konnte jedoch festgestellt werden, dass die Eilanordnungen im Regelfall (in 70 Prozent) nicht begründet werden; wenn eine Begründung erfolgte, so war diese nur in rund einem Drittel der Fälle vollständig.

Graphik 39

Vollständigkeit der Eilanordnung

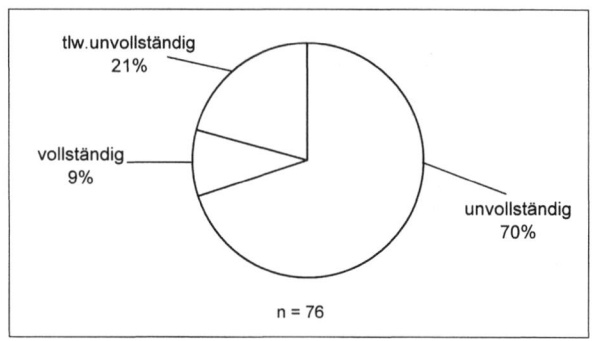

Bei einem Vergleich der untersuchten LG-Bezirke zeigte sich, dass lediglich in zwei Staatsanwaltschaften Eilanordnungen ergingen, die Ausführungen zu allen im Gesetz vorgesehenen Voraussetzungen enthielten. In den anderen Staatsanwaltschaften waren sämtliche Begründungen der Eilanordnungen ganz oder teilweise unvollständig.

Graphik 40

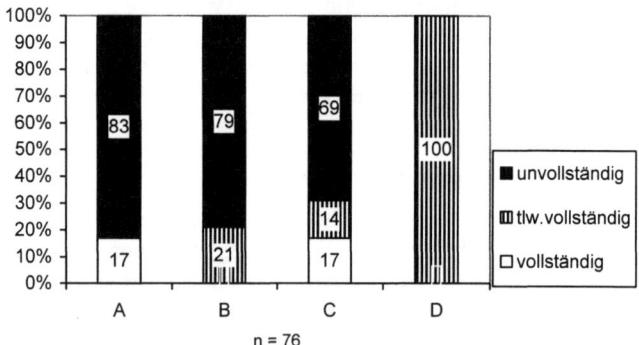

Die Eilanordnung des Staatsanwalts wurde in allen Fällen, in denen ein entsprechender Antrag gestellt wurde, auch vom Richter bestätigt. Lediglich in 13 Fällen wurde kein Antrag auf richterliche Bestätigung gestellt, wobei dies in 6 Fällen darauf zurückzuführen war, dass es sich nur um eine Abfrage von Verbindungsdaten nach § 12 FAG handelte.

Vergleicht man den Erfolg der Telefonüberwachung – gemessen an der Anklagequote – einer aufgrund von Regelkompetenz angeordneten Maßnahme mit dem Erfolg einer aufgrund von staatsanwaltschaftlicher Eilkompetenz angeordneten Telefonüberwachung, so zeigt sich folgendes Bild: Während in den Kapitalabteilungen und den Abteilungen zur Bekämpfung der Organisierten Kriminalität die Anklagequote in den Fällen, in denen die Telefonüberwachung in Eilkompetenz angeordnet wurde, deutlich über der erwarteten Anklagequote lag, lässt sich in den übrigen Abteilungen keine höhere Erfolgsquote erkennen.

4.10 Dauer der Telefonüberwachung

Obwohl rund 90 Prozent der Telefonüberwachungen vom Richter in seinem Beschluss – fast immer ohne Begründung – für die Dauer von drei Monaten (Maximalzeit) angeordnet wurden, dauerte der Großteil der Maßnahmen (rund 55 Prozent) lediglich bis zu zwei Monaten. In weiteren 28 Prozent der Telefonüberwachungen lag die Dauer bei 2 bis 3 Monaten. Eine Verlängerung der Maßnahme über die Maximalzeit von 3 Monaten hinaus wurde lediglich in 27 Fällen angeordnet, nur in einem Fall hat die Polizei die Maßnahme länger als neun Monate durchgeführt.

Graphik 41

Dauer der Telefonüberwachung

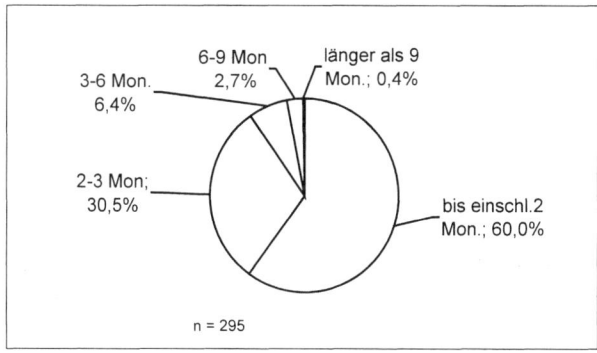

Bei einem Vergleich der Maßnahmendauer zwischen den unterschiedlichen Abteilungen zeigt sich folgendes Bild: Besonders kurz ist die Durchführung der Maßnahme in den Abteilungen zur Bekämpfung der Wirtschaftskriminalität sowie in den Abteilungen für Steuer und Zollsachen; alle dort erhobenen Telefonüberwachungen dauerten nicht länger als zwei Monate. Die längerfristigen, also über drei Monate hinausgehenden Telefonüberwachungen wurden ausschließlich von zwei Abteilungen durchgeführt, Kapital- und OK Abteilungen.

Graphik 42

Dauer der Telefonüberwachung differenziert nach Abteilungen

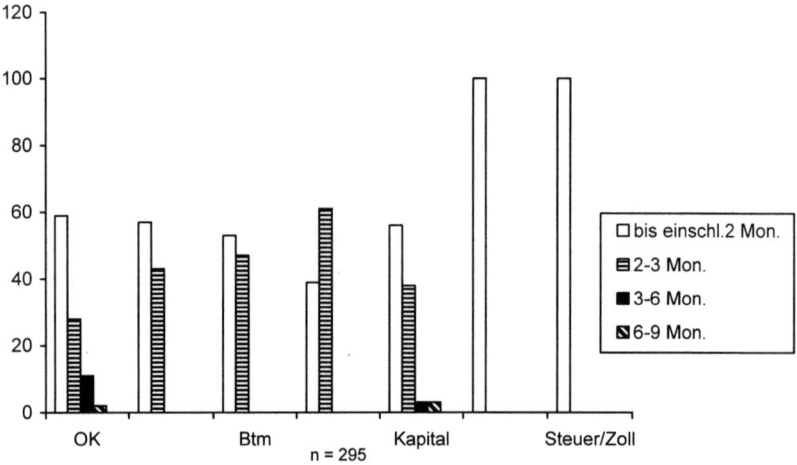

In den übrigen Fällen war die exakte Dauer der Telefonüberwachung nicht ersichtlich oder es handelte sich lediglich um die Abfrage von Verbindungsdaten nach § 12 FAG.

Ein Vergleich zwischen den einzelnen Landgerichtsbezirken zeigt, dass in zwei Landgerichtsbezirken nur rund 5 Prozent der Maßnahmen länger als 3 Monate liefen, also über die gesetzliche Maximaldauer hinaus.
Lediglich in einem Landgerichtsbezirk ließ sich feststellen, dass ein relevanter Anteil der dort ausgeführten Telefonüberwachungen (16 Prozent) die Dauer von 6 Monaten überstieg. Allgemein hat dieser Landgerichtsbezirk den geringsten Anteil an kurzen, d.h. unter 2 Monate dauernden Telefonüberwachungen.

Graphik 43

Dauer der Telefonüberwachung differenziert nach LG-Bezirken

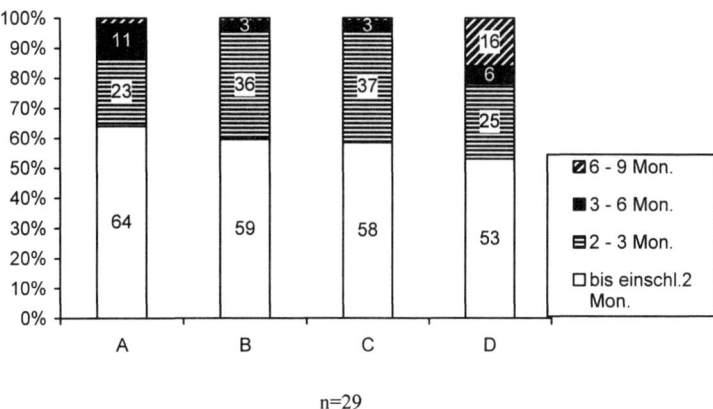

n=29

In den übrigen Fällen war die exakte Dauer der Telefonüberwachung nicht ersichtlich oder es handelte sich lediglich um die Abfrage von Verbindungsdaten nach § 12 FAG.

4.11 Wie erfolgreich ist die Telefonüberwachung?

Die Frage nach dem Erfolg der Telefonüberwachung – wobei „Erfolg" hier dahingehend verstanden werden soll, dass es durch die Telefonüberwachung möglich war, Erkenntnisse über die verfolgten Straftaten bzw. deren Hintergründe zu erlangen – lässt sich anhand unterschiedlicher Kriterien beurteilen.

4.11.1 Erfolg der Telefonüberwachung nach Einschätzung der Polizei

Eines dieser Kriterien ist die polizeiliche Begründung für die Beendigung der Telefonüberwachung, d.h. also die Einschätzung der Polizei über den bisherigen Erfolg der Maßnahme. Insgesamt hat die Polizei die Maßnahme in rund 27 Prozent der Fälle als erfolgreich eingestuft, in weiteren 5 Prozent der Fälle führte die Telefonüberwachung unmittelbar zur Festnahme eines Tatverdächtigen.
In immerhin 36,2 Prozent der Fälle bewertete die Polizei die einzelne Maßnahme als ergebnislos. In weiteren 31,3 Prozent der Fälle konnte die Einschätzung der Polizei nicht aus der Akte entnommen werden.

Graphik 44

**Ergebnis der Maßnahme
nach Einschätzung der Polizei**

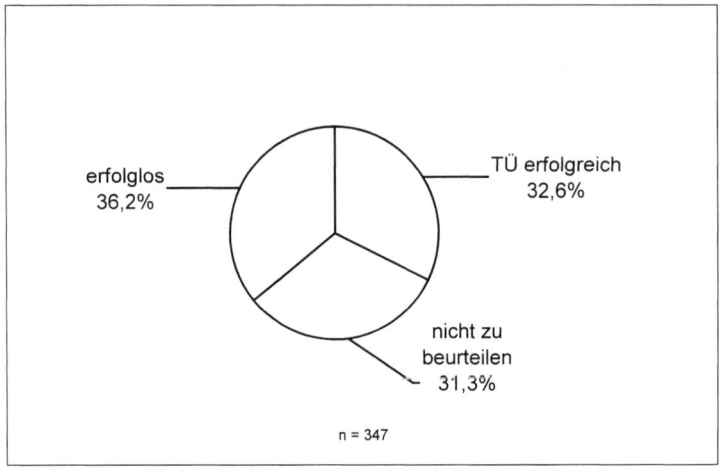

Die Einschätzungen der Polizei unterscheiden sich jedoch in den einzelnen Landgerichtsbezirken. So wird die Maßnahme im Landgerichtsbezirk C überdurchschnittlich häufig, nämlich in rund 39 Prozent der Fälle, als erfolgreich bewertet, während dies im Landgerichtsbezirk B lediglich in 25 Prozent der Fälle so ist. Auch bei der Einschätzung der Maßnahme als „ergebnislos" variiert die polizeiliche Bewertung zwischen 22 Prozent und 47 Prozent. Allerdings ist hier zu bedenken, dass die Polizei offenbar in einigen Bezirken eher ihre Einschätzung in der Akte vermerkt als in anderen, wo sie in fast der Hälfte der Fälle keine Bewertung abgegeben hat.

Graphik 45

Erfolg der Maßnahme nach Einschätzung der Polizei differenziert nach LG-Bezirken

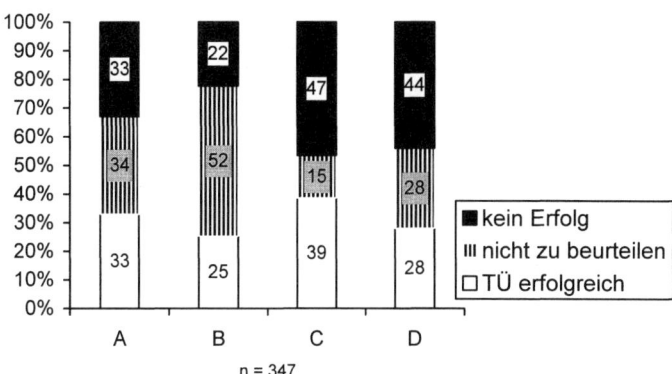

In Rechnung zu stellen ist allerdings, dass die Erfolgseinschätzung ein subjektives Kriterium darstellt, welches unterschiedlichen Wertmaßstäben unterliegen kann. So kann beispielsweise die Aufklärung durch sogenannte „konspirative Gespräche" möglicherweise als erfolgreich gewertet werden, weil durch sie vielfach Gruppenstrukturen und Lieferwege erkennbar werden; man könnte sie aber auch unter dem Gesichtspunkt direkter Verwertbarkeit vor Gericht als nicht erfolgreiche Ermittlungsmaßnahme einschätzen.

4.11.2 Erfolg der Telefonüberwachungen gemessen an der Anklagequote

Für die Einschätzung des Erfolges der Telefonüberwachungen kann auch auf die Anklagequote zurückgegriffen werden.

Diese liegt im Durchschnitt bei 58 Prozent. In weiteren 15 Prozent der Fälle war allerdings aus den Akten bis zum Ablauf des Projekts nicht ersichtlich, ob das Verfahren zu einer Anklage geführt hat, weil die Ermittlungen noch nicht abgeschlossen waren.

Graphik 46

Wurde ein Tatverdächtiger angeklagt?

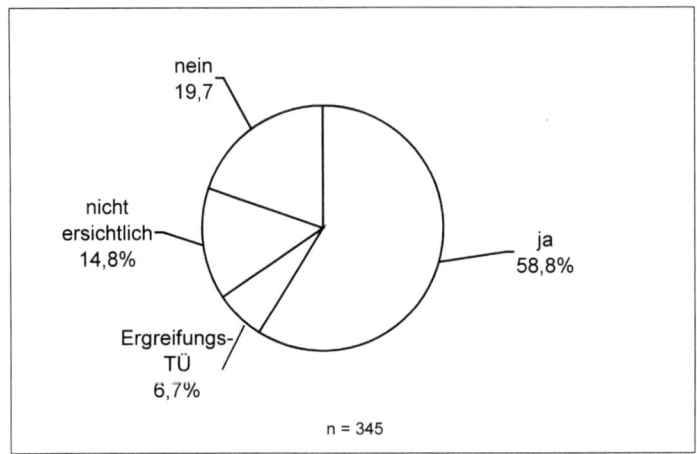

In den übrigen Fällen wurde die Telefonüberwachung entweder nicht durchgeführt oder die Durchführung war aus der Akte nicht ersichtlich.

Hier zeigt sich auch, dass die Einschätzung der Polizei zum Erfolg der Maßnahme im Regelfall mit der Einschätzung der Staatsanwaltschaft übereinstimmt, da die als erfolgreich bewerteten Telefonüberwachungen signifikant häufig zu einer Anklage führen; so wurde das Ermittlungsverfahren in 90 Prozent der als erfolgreich eingestuften Maßnahmen mit einer Anklage abgeschlossen.

Bei einem Vergleich der Anklagequoten nach Landgerichtsbezirken fällt auf, dass die Anklagequote in der Staatsanwaltschaft A verhältnismäßig niedrig ist. Als Erklärung bietet sich der verhältnismäßig hohe Anteil an OK-Verfahren in dieser Staatsanwaltschaft an. Im folgenden wurde deshalb auch die Anklagequote abteilungsspezifisch untersucht.

Graphik 47

**Anklagequote
differenziert nach LG-Bezirken**

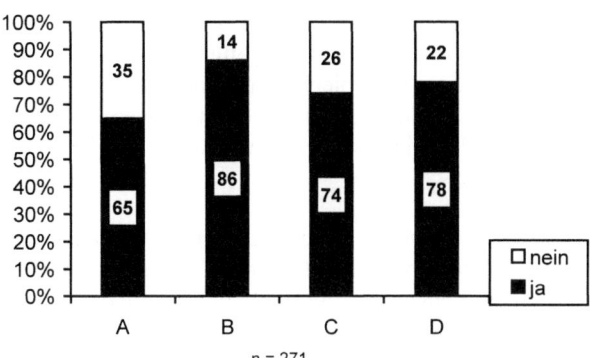

n = 271

In den übrigen Fällen war aus der Akte nicht ersichtlich, ob Anklage erfolgte oder es sich um eine Ergreifungstelefonüberwachung handelte, d.h. eine Telefonüberwachung, in der nach Abschluss des Verfahrens nach einem flüchtigen Straftäter gefahndet wurde.

Wenn man die Anklagequote abteilungsspezifisch betrachtet, so kann man feststellen, dass in den Bereichen der allgemeinen, der Betäubungsmittel- und der Kapitalabteilungen eine besonders hohe Anklagequote gegeben ist (80 bzw. 75 Prozent). Demgegenüber kam es in den Abteilungen zur Bekämpfung der Organisierten Kriminalität nur in 54 Prozent der Verfahren zu einer Anklage. Hier können jedoch nur begrenzte Aussagen gemacht werden, da in gut 23 Prozent dieser Fälle der Ausgang des Ermittlungsverfahrens noch nicht feststand. Dies kann sowohl darauf beruhen, dass die Ermittlungen noch nicht abgeschlossen waren, als auch auf dem Umstand, dass das Verfahren als Strukturermittlungsverfahren geführt wurde. Unter Strukturermittlungsverfahren werden Verfahren erfasst, die als „Sammelverfahren" mit einer großen Beschuldigtenanzahl geführt werden, wobei das „Sammelverfahren" unter Umständen auch dann eingestellt wird, wenn die Ermittlungen gegen einige Beschuldigte hinreichende Anhaltspunkte für eine Anklage gezeigt haben. Gegen diese Beschuldigten werden dann neue Verfahren eröffnet. Der Ausgang dieser

Verfahren ist jedoch dann aus einem vorliegenden „Strukturermittlungsverfahren" nicht zu ersehen.

Vergleicht man die Abteilungen zur Bekämpfung von Betäubungsmittel- und Organisierter Kriminalität, so ist darüber hinaus zu beachten, dass Strafverfolgungen gegen Tätergruppierungen, die mit größeren Mengen Rauschgift handeln, eher in den OK-Abteilungen durchgeführt werden. Es kann davon ausgegangen werden, dass diese Gruppierungen grundsätzlich professioneller agieren und dementsprechend damit rechnen, abgehört zu werden. Auch daraus erklärt sich möglicherweise die – im Vergleich zur Kapitalabteilung – verhältnismäßig niedrige Anklagequote.

Vergleicht man den Beginn des Ermittlungsverfahrens (also die Art der Kenntniserlangung) mit dem Abschluss der Ermittlungen, so ergibt sich folgendes Bild: Soweit der Anfangsverdacht auf herkömmliche Arten der Verdachtsschöpfung beruht – dazu zählen insbesondere die Anzeige und die eigene Ermittlungstätigkeit –, liegt die Anklagequote mit 71,4 Prozent bzw. mit 60 Prozent über dem Durchschnitt. Demgegenüber liegt die Anklagequote bei einer proaktiven Verdachtsschöpfung – so beispielsweise bei Einsatz einer Vertrauensperson – lediglich bei 43,2 Prozent. Auffallend ist jedoch, dass in den Fällen, in denen die Kenntniserlangung auf verschiedenen Quellen – also sowohl klassischer als auch proaktiver Ermittlungstätigkeit – beruht, die Anklagequote bei rund 73 Prozent liegt.

4.11.3 Mittelbare oder unmittelbare Verwertung der Erkenntnisse aus der Telefonüberwachung

Ein weiterer Indikator für den Erfolg der Telefonüberwachung kann die mittelbare oder unmittelbare Verwertung der aus der Maßnahme gewonnen Kenntnisse in der Hauptverhandlung sein. In rund 76 Prozent der Fälle, die zur Anklage kamen, ergaben sich aus der Telefonüberwachung Erkenntnisse, die zumindest mittelbar zur Verurteilung des Tatverdächtigen führten, wobei in 41,6 Prozent die Telefonüberwachung direkt in die Hauptverhandlung eingeführt wurde. In den übrigen Fällen hatte die Maßnahme zu weiteren Ermittlungsergebnissen, etwa Geständnissen, beigetragen.

Graphik 48

Ergaben sich aus der Telefonüberwachung Erkenntnisse, die zu der Verurteilung führten?

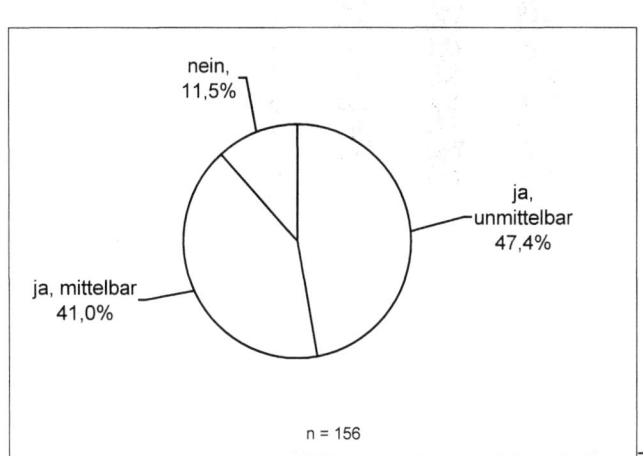

Nur in 203 Fällen kam es, wie aus der Akte ersichtlich, zur Anklage des Verfahrens. In weiteren Fällen war aus der Akte nicht zu erkennen, ob und in welchem Umfang die Erkenntnisse Eingang in die Hauptverhandlung bzw. das Urteil gefunden haben oder ob überhaupt ein Urteil ergangen ist.

4.11.4 *Einleitung weiterer Ermittlungsverfahren*

Als Erfolg einer Telefonüberwachung kann es auch gewertet werden, wenn aufgrund dieser Maßnahme Strukturerkenntnisse gewonnen werden, die zur Einleitung neuer Ermittlungsverfahren führen. Es hat sich gezeigt, dass dies in etwa einem Drittel der Telefonüberwachungen (32,1 Prozent) der Fall ist. Allerdings war auch hier festzustellen, dass es erhebliche Unterschiede zwischen den untersuchten Landgerichtsbezirken gab. Während in Staatsanwaltschaft A in fast der Hälfte der Fälle die bei der Telefonüberwachung gewonnenen Erkenntnisse zur Einleitung neuer Verfahren verwendet wurden, war dies in den Staatsanwaltschaften B und D in weniger als 20 Prozent der Maßnahmen der Fall.

Graphik 49
Eröffnung neuer Strafverfahren aufgrund von TÜ-Erkenntnissen in den LG-Bezirken

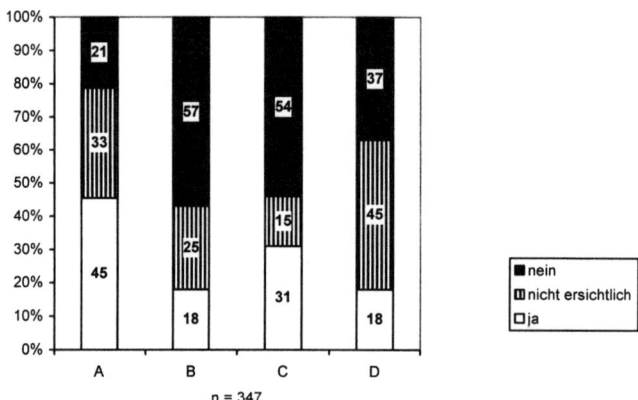

In den übrigen Fällen wurde die Telefonüberwachung entweder nicht durchgeführt oder die Durchführung war aus der Akte nicht ersichtlich.

4.11.5 Anklagequote der einzelnen Verfahren

Betrachtet man nicht die Anklagequote der einzelnen Telefonüberwachungen, sondern die der jeweiligen Verfahren, so zeigen sich nur geringe Abweichungen. In rund 62 Prozent der Fälle wurde ein Tatverdächtiger angeklagt, in ca. 24 Prozent der Fälle fand keine Anklage statt. In den übrigen Verfahren konnte zum Zeitpunkt der Erhebung noch keine Aussage über den Ausgang des Verfahrens getroffen werden.

Bei einem Vergleich der Anklagequote der einzelnen Verfahren in den verschiedenen Staatsanwaltschaften zeigen sich die folgenden Unterschiede: Die höchste Anklagequote ließ sich in Staatsanwaltschaft D mit 72 Prozent feststellen. Dagegen lag die entsprechende Quote in Staatsanwaltschaft C bei rund 54 Prozent. Zu beachten ist allerdings, dass hier der Anteil der Verfahren, in denen noch nicht ersichtlich war, ob sie zu einer Anklage führen oder geführt haben, besonders groß ist, was darauf hindeutet, dass jene Verfahren besonders umfangreich waren oder als Strukturermittlungsverfahren geführt wurden. Die Einstellungsquote bewegt sich zwischen rund 16 Prozent (Staatsanwaltschaft B) und 28 Prozent (Staatsanwaltschaft C).

4.11.6 Verurteilungsquote

Bemerkenswert ist, dass lediglich in 4 Fällen (2%) keine Verurteilung erfolgte, wenn eine Anklage erhoben worden war. In weiteren 8,4 % der Fälle war nicht ersichtlich, ob eine Verurteilung erfolgt war. In rund 90 % der Fälle wurde der Angeklagte verurteilt.

4.12 Strafmaß

Soweit ein Tatverdächtiger im Hauptverfahren verurteilt wurde, bewegen sich die jeweils verhängten Strafen des (Haupt-)Täters zum größten Teil (47 Prozent der Fälle) in einem Bereich von 3 bis 6 Jahren. Den zweitgrößten Anteil machen die Strafen von 6-10 Jahren aus. Zusammenfassend lässt sich feststellen, dass der Anteil hoher Strafen (ab drei Jahren) verhältnismäßig groß ist; andererseits machen Bewährungs- und Geldstrafen einen ebenfalls beachtlichen Prozentsatz aus. Es stellte sich insoweit die Frage, ob sich dies eher auf die unterschiedlichen Landgerichtsbezirke oder auf die verschiedenen Kriminalitätsbereiche zurückführen lässt.

Zu beobachten ist, dass der Anteil der ausgeworfenen Bewährungsstrafen mit fast einem Viertel in dem Landgerichtsbezirk D überdurchschnittlich hoch war, wohingegen der Anteil in C unter 10 Prozent liegt. Dabei ist auch zu beachten, dass die Anklagequote in D verhältnismäßig hoch war (76 Prozent).

Graphik 50

Strafmaß des Haupttäters

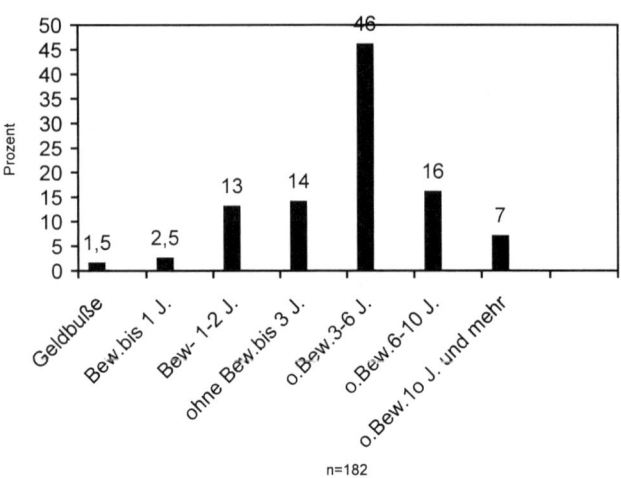

Graphik 51

Strafen in den einzelnen LG-Bezirken

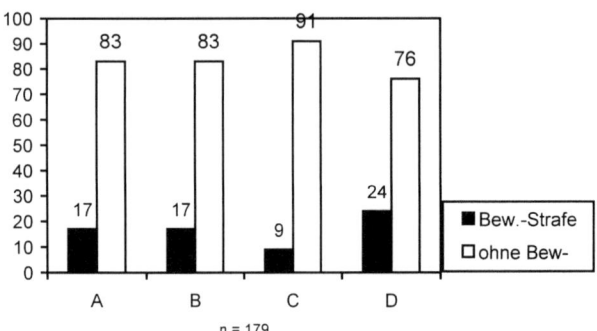

In den fehlenden 3 Fällen wurde eine Geldstrafe verhängt.

Vergleicht man die Strafen in den unterschiedlichen Abteilungen, so lässt sich feststellen, dass in den Abteilungen zur Bekämpfung der Organisierten Kriminalität besonders viele Strafen von 6 bis 10 Jahren verhängt wurden, aber auch häufiger Bewährungsstrafen ausgeworfen wurden. Denkbar ist, dass hier einerseits durch den Begriff OK ein hinsichtlich der Schwere vergleichsweise breites Spektrum an Kriminalität erfasst wird, andererseits sich der Tatnachweis oftmals vergleichsweise schwierig gestaltet.

Graphik 52

Strafen, differenziert nach OK-Abteilung/ anderen Abteilungen

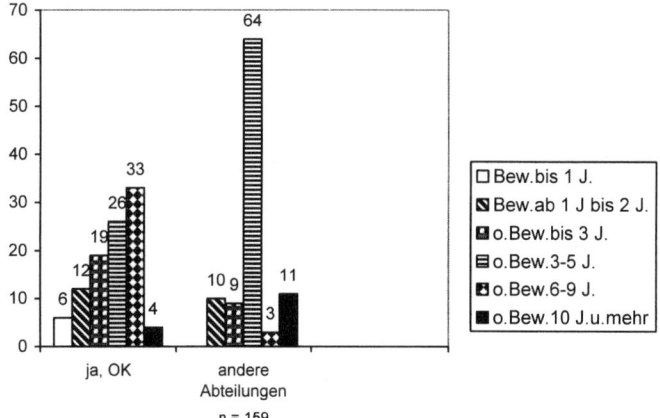

4.13 Benachrichtigung der Betroffenen

Gemäß §101 StPO sind die von einer Telefonüberwachung Betroffenen zu benachrichtigen, sobald dies ohne Gefährdung des Untersuchungszwecks möglich ist. Dies gilt auch dann, wenn lediglich die Verbindungsdaten nach § 12 FAG abgefragt wurden (§ 12 II FAG, § 101 I StPO).

Eine ausdrückliche Benachrichtigung des Beschuldigten erfolgte in noch nicht einmal 3 Prozent der Fälle. Bei immerhin 50 Prozent der Telefonüberwachungen konnte davon ausgegangen werden, dass der Beschuldigte auf andere Weise, nämlich regelmäßig durch die Akteneinsicht des von ihm beauftragten Rechtsanwalts, Kenntnis von der Maßnahme erlangt hatte. In rund 22 Prozent der

Maßnahmen fand jedoch – soweit aus den Akten ersichtlich – eine Benachrichtigung des Beschuldigten nicht statt.

In 11 Prozent der Fälle konnte eine Aussage über die Benachrichtigung des Beschuldigten nicht getroffen werden, da das Ermittlungsverfahren zum Zeitpunkt der Untersuchung noch nicht abgeschlossen war.

In den übrigen Fällen wurde die Telefonüberwachung entweder nicht durchgeführt oder die Durchführung war jedenfalls nicht aus der Akte ersichtlich.

Nur in einem Fall wurde ausdrücklich darauf hingewiesen, dass von einer Benachrichtigung wegen Gefährdung des Untersuchungszwecks abgesehen werde. In den übrigen Fällen, in denen von einer Benachrichtigung Abstand genommen wurde und der Betroffene nicht auf andere Weise Kenntnis erhalten hatte, erfolgte keine Begründung.

Graphik 53
Wurde der unmittelbar Betroffene benachrichtigt?

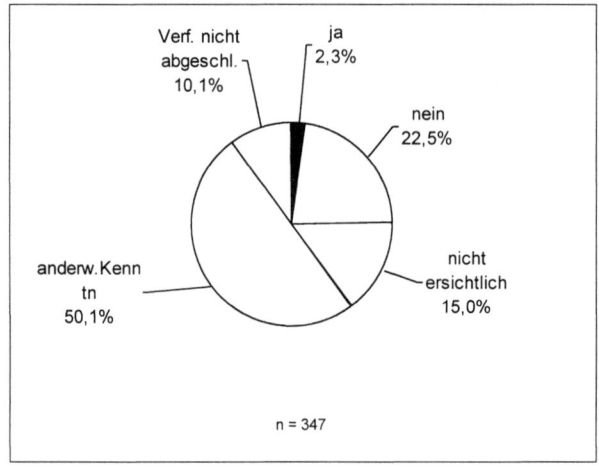

4.14 Rolle der Verteidigung

In 88 Fällen wurden die Ergebnisse der Telefonüberwachung unmittelbar in die Hauptverhandlung eingeführt (44,2 Prozent der angeklagten Fälle). Lediglich in rund 9 Prozent hiervon hat die Verteidigung der Einführung widersprochen. Darüber hinaus konnte zur Rolle der Verteidigung festgestellt werden, dass lediglich in einem Verfahren die Verteidigung Aktivitäten entfaltet hat, die man unter den Begriff der „Konfliktverteidigung" fassen könnte.

5 Auswertung der Interviews

5.1 Auswertung der Interviews mit den Polizeibeamten

5.1.1 Verfahrensmäßiger Ablauf einer Telefonüberwachung

Im Rahmen der Aktenanalyse hat sich gezeigt, dass die Telefonüberwachung regelmäßig auf die Initiative der Polizei zurückgeht. Dieser Eindruck hat sich aufgrund der mit den Polizeibeamten geführten Interviews bestätigt; so berichteten doch fast alle Gesprächspartner, dass die Telefonüberwachung üblicherweise von ihnen vorgeschlagen werde.
Dazu ein Polizeibeamter aus einer Dienststelle für Kapitaldelikte:

> „Das läuft so: Ich schreib´ den Antrag, der Staatsanwalt macht seinen Friedrich-Wilhelm darunter, und der Richter erlässt den Beschluss."

Allerdings gilt dies weniger für die OK-Abteilungen. Hier erklärten die befragten Polizeibeamten, dass die Ermittlungstaktik zu Beginn eines Verfahrens regelmäßig mit den Staatsanwälten gemeinsam besprochen werde.
Typisch sind insoweit die Aussagen von zwei Polizeibeamten aus unterschiedlichen OK-Dienststellen:

> „Man muss aber auch sagen, dass der Kontakt zur Staatsanwaltschaft sehr eng ist. Wir haben ja in der Regel vor Verfahrensbeginn sogenannte Vorfeldermittlungen... bereits dann besteht ein ständiger Kontakt zur Staatsanwaltschaft... Wenn wir dann soweit sind, dass ein Anfangsverdacht besteht, nehmen wir Kontakt zum Oberstaatsanwalt auf und sprechen den Sachverhalt und den Aktenaufbau durch."

> *„Die Staatsanwaltschaft ist, sobald es einen Anfangsverdacht gibt, mit im Boot. Man macht dann taktische Vorschläge... Die Staatsanwaltschaft sagt dann auch schon mal: Hier machen wir jetzt keine TÜ. Die nehmen eben die Wertung eines Juristen vor. Es kann sein, dass da anonyme Hinweise gekommen sind, so ist das bei gewaltbereiten Tätergruppen. Dann spricht man erst mit dem Staatsanwalt, bevor man mit einer Anregung kommt."*

> *„... Im übrigen wird ja bei den Umfangverfahren die Ermittlungstaktik mit dem Staatsanwalt abgesprochen, die werden ja schon recht früh ins Verfahren eingebunden. Umfangverfahren sind ja auch oft Verfahren, die auf länger angelegt sind, die dauern oft 12 Monate und mehr..."*

Auch in den anderen Spezialdienststellen wird vor einer schriftlichen Anregung häufig mit dem zuständigen Staatsanwalt abgeklärt, ob eine Telefonüberwachung sinnvoll und rechtlich möglich ist.
Dazu erklärte ein Polizeibeamter aus einer Rauschgiftdienststelle:

> *„Meistens wird das auch schon vor der schriftlichen Anregung mit dem Staatsanwalt telefonisch durchgesprochen, ob wir da eine Telefonüberwachung schalten sollen."*

Demgegenüber wird die Zusammenarbeit mit den Staatsanwälten aus den allgemeinen Abteilungen als oberflächlich beschrieben, da es in den entsprechenden Abteilungen keine festen Zuständigkeiten gebe.
Dies beschrieb ein in eine Spezialdienststelle gewechselter Polizeibeamter wie folgt:

> *„In anderen Bereichen lässt das sicher eher zu wünschen übrig. Da ist es sehr schwer, einen Staatsanwalt zu finden, mit dem man eine Sache mal vorab besprechen kann. Die machen dann alle möglichen Delikte und die Zuteilung erfolgt nicht nur nach Buchstaben, sondern auch noch nach den Endziffern der Akte. Das ist dann oft nur ein Aktenversenden."*

Die Interviewpartner wurden gebeten zu schildern, welche Faktoren für die Entscheidung über den Einsatz einer Telefonüberwachung maßgeblich sind. Als besonders wesentlich wurde von vielen Gesprächspartnern die personelle bzw. finanzielle Situation wie auch die technische Machbarkeit bewertet. Hierfür einige Beispiele:

"Wenn ich personell dazu nicht in der Lage bin, lasse ich die totlaufen, d.h. ich ermittele nur oberflächlich, dementsprechend kommen Sie zum Beispiel an die Auslandskontakte der Leute nicht ran, das geht nur über verdeckte Maßnahmen."

"Wir besprechen erst einmal im Team, ob die Telefonüberwachung von der Technik oder dem Personal machbar ist und ob sie das einzige Mittel ist, d.h. ob nicht auch eine Observation möglich ist. Dann wird der Vorgang zusammengestellt und sowohl vom Kommissariatsleiter als auch vom Gruppenleiter nochmals überprüft. Dies ist bei anderen Ermittlungsmethoden anders, da guckt nur der Kommissariatsleiter einmal drüber und dann macht der Kollege eine Abverfügung zum Staatsanwalt. Dadurch, dass die Telefonüberwachung über den Tisch des Gruppenleiters geht, soll wohl auf die Kosten geachtet werden. Es ist ja auch nicht so, dass wir uns nach einer TÜ drängen, es gibt kaum etwas langweiligeres und arbeitsintensiveres; ich habe einen Kollegen, der hat schon vier Mal gesagt: ‚das war meine letzte Telefonüberwachung'."

Erst im Anschluss daran werden die rechtlichen Voraussetzungen genannt, diese werden ebenso häufig angesprochen wie die einen TÜ- Einsatz bestimmenden kriminaltaktischen Erwägungen.

"Die Entscheidung, ob eine Telefonüberwachung angeregt wird, richtet sich danach, ob da rechtlich etwas da ist und ob das kriminaltaktisch erfolgversprechend ist."

"Zunächst gibt es Vermutungen, die sich erst noch zu einem Anfangsverdacht auswachsen müssen. Man muss zuerst verdeckt ermitteln, sehen, was man in dem Bereich machen kann. Die TÜ ist dann die ultima ratio. Es wird erst mal observiert, es gibt VP und andere Verfahren als mögliche Informationsquellen. Eine TÜ gibt es dann, wenn man weiter verdeckt arbeiten muss..."

5.1.2 Ablehnung

Alle Interviewpartner aus den Reihen der Polizei haben darauf hingewiesen, dass staatsanwaltschaftliche Ablehnungen einer polizeilich gewünschten Telefonüberwachung allenfalls in Ausnahmefällen vorkommen. Im Bereich der Kapitaldienststellen wurde vielfach berichtet, dass eine Ablehnung seitens der Staatsanwaltschaft noch nie erfolgt sei, während von Beamten aus den OK- und Btm-Dienststellen von gelegentlichen Ablehnungen gesprochen wurde.

„Wenn die Staatsanwaltschaft die Anregung im Gespräch ablehnen würde, würden wir einen entsprechenden Vermerk machen; in einem solchen Fall müsste man überlegen, ob man nicht über die Behördenleitungen geht; das ist aber rein hypothetisch, so ein Fall kam noch nie vor."

„Im Falle der Tötungsdelikte kriegt man eigentlich alles, das ist die Spitze des Verbrechens. In aller Regel wird Anregungen und Anträgen daher stattgegeben; ich bin auch lange genug dabei, ich weiß, wie ich eine Anregung begründen muss. Da möchte ich den Entscheidungsträger sehen, der das ablehnt."

„Dass die Staatsanwaltschaft dann Bedenken äußert oder Nachermittlungen fordert oder die TÜ sogar ablehnt, ist eher selten; in der Regel gehen die Anträge durch."

„Eine Ablehnung kommt selten vor. Dadurch, dass man jahrelang feste Ansprechpartner hat und mit denen zusammenarbeitet, weiß man, was der andere für eine Sichtweise hat."

5.1.3 Akzeptanz der staatsanwaltschaftlichen Entscheidung

Wie man an den Äußerungen der Interviewpartner sieht, gibt es ganz unterschiedliche Auffassungen zur staatsanwaltlichen Leitungsbefugnis. Während die einen eine Ablehnung als Affront empfinden, gegen den man mittels Anrufung der Behördenleitung vorgehen müsse, akzeptieren andere ganz selbstverständlich die Sachleitungsbefugnis der Staatsanwaltschaft:

„Es kommt aber gelegentlich auch vor, dass der Staatsanwalt sagt: Schreiben Sie mal eine Anregung, und dann lehnt der doch ab. Die Staatsanwaltschaft ist im Bereich OK klar Herrin des Verfahrens."

Vielfach wurde das Verhältnis zwischen Staatsanwaltschaft und Polizei als gleichrangig beschrieben. Dabei haben viele Interviewpartner darauf hingewiesen, dass kontroverse Standpunkte eher im persönlichen Gespräch ausdiskutiert werden und keinen Eingang in die Akte finden. Diese Form der Zusammenarbeit wurde allgemein als positiv empfunden:

„Die Anträge stellt auf unsere Initiative die Staatsanwaltschaft, wenn die eine Anregung ablehnen, dann muss es schon ganz extrem kommen...Wenn es problematisch wird, dann wird aber alles auch genau abgesprochen, das wird es immer zuerst, und dann kommt die Anregung in

die Akte .....ich mache da doch nicht umsonst einen sorgfältigen Beschlussentwurf."

"Meistens ist das aber auch so, dass die Staatsanwälte auf einen Kaffee vorbeikommen und sich die Sache anschauen und dann wird der allenfalls sagen: ist ein bisschen dünne, mach da noch was; ich würde mir und meinen Leuten nicht die Blöße geben, dass der Staatsanwalt uns sagt, Eure Anträge sind schlecht."

Diese Beschreibung eines zumindest gleichrangigen Verhältnisses wird von den befragten Polizeibeamten vor allem auf die personelle Übermacht der Polizei zurückgeführt. Darüber hinaus besteht seitens der Polizei auch ein umfangreiches rechtliches Wissen über die Voraussetzungen der Telefonüberwachung, da auch in diesem Bereich eine zunehmende Spezialisierung stattfindet, die auf Seiten der Staatsanwaltschaft keine Entsprechung findet. So gibt es inzwischen in manchen Bezirken Polizeibeamte, die ausschließlich mit der Anregung, Vorbereitung und Durchführung von Telefonüberwachungen befasst sind.

5.1.4 Ablehnungen durch den Richter

Übereinstimmend berichteten alle befragten Polizeibeamten, dass eine richterliche Ablehnung eines Antrags auf Telefonüberwachung so gut wie nie vorkomme. Lediglich im Landgerichtsbezirk A gaben einzelne Polizeibeamte an, dass hin und wieder der Erlass eines Beschlusses abgelehnt wurde.
Dazu meinte ein Polizeibeamter aus einer Kapitalabteilung:

"In unserem Bereich lehnt der Richter nicht ab!"

"Wenn ich den Staatsanwalt überzeugt habe, bekomme ich auch den Beschluss, ich kann mich an keinen Fall erinnern, wo der Richter den Beschluss noch abgelehnt hätte."

Als mögliche Gründe für die geringen Ablehnungen wurden von den Polizeibeamten verschiedene Aspekte genannt. Teilweise gebe es Richter, die einfach kein Interesse an den Fällen hätten und dementsprechend über nur grobe Aktenkenntnis verfügten. Darüber hinaus sei es aber auch so, dass sowohl Polizei als auch Staatsanwaltschaft bereits eine sorgfältige Prüfung vornähmen, mit der Konsequenz, dass der Richter kaum noch ablehnen könne.

5.1.5 Aktenkenntnis

Inwieweit Staatsanwälte und insbesondere Richter die vollständige Hauptakte verlangen und lesen, hängt offenbar von dem jeweiligen Arbeitsstil ab.

„In der Regel wollen die Staatsanwälte dann die Akte haben; das ist aber dann auch eine Persönlichkeitsfrage; manche sind da eher zackig, die stellen einen Antrag auch auf dem Bierdeckel, das ist uns natürlich sympathisch."

„Grundsätzlich wird die Staatsanwaltschaft von uns immer auf Ballhöhe gehalten, für die TÜ gibt es eine gesonderte Akte, da kriegt der alles in Kurzform...da legt man keinem Richter die kompletten Akten vor, das will der nicht sehen. Auf dem Lande stellt der Staatsanwalt telefonisch den Antrag, wir gehen dann vorbei, der Staatsanwalt faxt dann nachher seinen Antrag rüber."

„Wir arbeiten hier mit Fallakten. Kein Richter oder Staatsanwalt wühlt sich durch 10 Meter Akten durch, da brauchen sie Fallakten."

„...manchmal geht es auch schon recht schnell, allerdings gibt es auch Fälle, wo die Richter Details in den Beschluss reinschreiben, für die sie auch die Akte gelesen haben müssen."

5.1.6 Rückfragen

Im Rahmen der Aktenanalyse war auffallend, dass ausdrückliche Rückfragen von Staatsanwälten oder Richtern fast nie in der Akte notiert waren. Die Polizeibeamten äußerten sich mit Ausnahme eines Landgerichtsbezirks in den Interviews dahingehend, dass richterliche Nachfragen so gut wie nie vorkämen, obwohl die Polizeibeamten vielfach die Anträge der Staatsanwaltschaft bei den Ermittlungsrichtern persönlich abgäben und so für Rückfragen eigentlich zur Verfügung stünden. Im Landgerichtsbezirk A erklärten allerdings mehrere Polizeibeamte übereinstimmend, dass die Richter gelegentlich bei ihnen nachfragten.

Wie bereits beschrieben, finden mit den Staatsanwälten der Spezialabteilungen offenbar regelmäßig zu Beginn des Verfahrens gemeinsame Besprechungen statt, in denen der Sinn und Zweck der in Betracht kommenden Maßnahmen erörtert wird, so dass hier Probleme schon im Vorfeld abgeklärt werden können. Aus diesem Grunde seien spätere Nachfragen der jeweiligen Staatsanwälte eher die Ausnahme. Allerdings haben die Polizeibeamten darauf hingewiesen, dass auch von Staatsanwälten aus allgemeinen Abteilungen, mit denen kaum Vorbesprechungen durchgeführt werden, nur selten Rückfragen zum Sachverhalt gestellt würden.

5.1.7 Eilanordnungen

Übereinstimmend erklärten alle in den OK-Dienststellen tätigen Polizeibeamten, dass in ihrem Tätigkeitsbereich die Eilanordnung tatsächlich den Ausnahmefall darstelle. Dies komme nur dann vor, wenn sich aus einer laufenden Telefonüberwachung der Hinweis auf einen neuen Anschluss oder einen Handytausch im Zusammenhang mit einer unmittelbar bevorstehenden Transaktion ergebe. Ansonsten sei eine Eilanordnung im Bereich der OK meist nicht erforderlich, da hier die Telefonüberwachungen langfristig vorbereitet würden.

„Eine Eilanordnung haben wir selten, das kommt eigentlich nur dann vor, wenn ein Handy überwacht wird und der Beschuldige in einer sensiblen Phase das Handy tauscht, d.h. kurz vor einem Rauschgiftgeschäft. In der Regel schreiben wir dann 3-4 Zeilen und rufen den Staatsanwalt an. Der kennt in der Regel die Sache schon und erlässt dann die Eilanordnung, schreibt aber gleichzeitig auch einen Antrag an den Ermittlungsrichter, und dann geht die Sache auch oft direkt an das Gericht."

Allerdings wies einer der befragten Interviewpartner daraufhin, dass in den letzten Jahren gerade im Bereich OK der Wechsel der Handys stark zugenommen habe und dementsprechend auch häufiger Eilanordnungen ergingen.

„Die Möglichkeit einer Eilanordnung der TÜ ist in unserem Bereich – seit es Handys gibt – unverzichtbar. Es gibt TÜ, da überlebt die Nutzung des Handys nicht die Zeit der Eilanordnung. Die Täter wechseln sofort, beispielsweise auch nach einer Verkehrskontrolle durch die Polizei. Seit ca. 4 Jahren ist das so, die Nutzung hat stark zugenommen, besonders seit es die pre-paid-Kartentelefone gibt. Ein Tatverdächtiger hat oft 5 Handys. Manchmal müssen auch Handys überwacht werden, deren Nutzer man nicht namentlich kennt."

Einen weiteren Grund für die Einholung einer Eilanordnung im OK-Bereich nennt ein anderer Polizeibeamter:

„Eine Eilanordnung haben wir selten, teilweise bei der Anpeilung des Beschuldigten. Das ist grundsätzlich dann auch am Wochenende umsetzbar,

die Provider haben ja auch einen Notdienst. Eine richterliche Bestätigung erfolgt da kaum noch, das hat sich oft nach zwei bis drei Tagen erledigt."

Demgegenüber wurde seitens der Polizeibeamten aus den Kapitaldienststellen berichtet, dass hier Eilanordnungen häufiger seien als in anderen Dienststellen:

„Die Eilanordnungen sind die Regel, weil es ja bei Mord in der Regel auf die ersten drei Tage ankommt. Ob wir dann noch eine richterliche Bestätigung einholen, wird verschieden gehandhabt."

5.1.8 Häufigkeit

Die Häufigkeit des Einsatzes der Telefonüberwachung ist wesentlich von den jeweiligen Abteilungen abhängig. Während in den OK-Dienststellen die Schaltung einer Telefonüberwachung in Form der Gesprächsüberwachung wohl zum Standardrepertoire der Ermittlungsmaßnahmen zählt, findet diese Maßnahme in den Kapitalabteilungen seltener Anwendung, während dort nach den Angaben der Polizeibeamten häufiger die Verbindungsdaten abgefragt werden.

„Es gibt in der Kapitalabteilung aber eher wenig TÜ, vielleicht ein Verfahren pro Jahr, anders ist es mit der Abfrage von Verbindungsdaten. Das ist eine Standardmaßnahme geworden, die eigentlich immer getroffen wird."

„Wir haben eigentlich in jedem Verfahren eine Telefonüberwachung."

5.1.9 Erfolg

Die Polizeibeamten verweisen zwar häufig darauf, dass die Abgehörten kaum „Klartext" redeten, sondern sich stattdessen zunehmend bestimmter Codes bedienten, welche es zunächst zu entschlüsseln gelte. Dann allerdings wird der mit dem Einsatz von Telefonüberwachungsmaßnahmen zu erzielende Erfolg grundsätzlich als „gut" eingeschätzt – wobei als „Erfolg" ausdrücklich nicht nur die Einführung der Telefonüberwachung durch Vorspielen oder Verlesen der Protokolle in der Hauptverhandlung verstanden wird, sondern gerade auch die Fälle, in denen es möglich ist, auf diesem Wege Hintergrundinformationen über Zusammenhänge und Strukturen zu gewinnen als Erfolg der Maßnahme bewertet werden.

„Jede TÜ ist erfolgreich, allerdings muss man dazu die Milieusprache verstehen, da setzt man keinen Neuling dran. Was man hört, hängt also

auch von der Intelligenz des Polizeibeamten ab, da muss man bestimmte Begriffe raushören."

"Die Telefonüberwachung ist sehr erfolgreich. Bei dieser Klientel können sie allerdings nicht erwarten, dass die Klartext reden. Man bekommt aber Informationen über die Struktur, die Hierarchie und die Verabredungen der Straftäter. Allerdings reicht die Telefonüberwachung als einziges Beweismittel oft nicht aus. In der Regel bekommt man jedoch in der Endphase des Verfahrens einen der Tatverdächtigen dazu, nach § 31 BtmG auszusagen. Das kommt allerdings darauf an, wie hoch die Straferwartung ist. Die Staatsanwaltschaft bzw. das Gericht signalisiert dann auch Vergünstigungen für Aussagen; dementsprechend kam es auch schon vor, dass in einem Verfahren nur ein Gramm Heroin beschlagnahmt worden war und die Täter trotzdem 6-8 Jahre bekommen haben, weil die Vorermittlungen entsprechend waren und einer der Haupttäter ein Geständnis abgelegt hatte; da kamen die nicht mehr raus."

"Ohne TÜ wären 80 % der Verfahren, die wir jetzt abschließen, gar nicht zu führen gewesen. Da hört man Dinge, die man sonst nie erfahren hätte."

In den Kapitalabteilungen allerdings wird die klassische Gesprächsauswertung – im Gegensatz zu Verbindungsdatenabfrage – als weniger bedeutsames Mittel der Aufklärungsarbeit eingeschätzt

"Bei mir haben die TÜ bis jetzt nicht zur Aufklärung beigetragen,...bei Verbindungsdaten ist das anders, da kann man Kontakte und Nähe zur Tat feststellen."

"Mit der Abfrage der Verbindungsdaten haben wir sehr gute Erfolge. Die klassische TÜ ist da schwieriger einzuschätzen, die kommt weniger zum Tragen."

5.1.10 Zusammenarbeit mit der Staatsanwaltschaft

Die Zusammenarbeit mit der Staatsanwaltschaft wird von der Mehrzahl der Polizeibeamten aus den Fachkommissariaten – insoweit in Übereinstimmung mit der Einschätzung der Staatsanwälte – als überwiegend gut beurteilt. Diese Einschätzung lässt sich offenbar zum einen darauf zurückführen, dass den meisten der Befragten ihre Ansprechpartner aus den Spezialabteilungen infolge längerer Tätigkeit bekannt sind und infolgedessen auch Ermittlungsmaßnahmen diskutiert werden können und wenig Scheu besteht, bei rechtlichen Problemen die Staatsanwälte zu konsultieren. Zum anderen erachten es die Polizeibeamten auch als wichtig und bewerten es als sehr positiv, dass die Staatsanwälte nahezu jederzeit problemlos für sie erreichbar sind.

> *„In unserem Bereich werden die Staatsanwälte schon relativ früh über die Sache unterrichtet, das sind ja auch nur drei Staatsanwälte, da kennt man sich und es ist auch nicht so eine Scheu da, dort anzurufen. In den Bereichen, wo die Staatsanwälte der Allgemeindezernate zuständig sind, ist das anders, da geht das nach Buchstaben, die müssten sich erst fünf mal verbinden lassen, bevor sie den zuständigen Staatsanwalt haben. Die ermitteln dann auch oft erst einmal vier Wochen ohne Absprache."*

> *„Zur Staatsanwaltschaft ist das Verhältnis sehr konstruktiv, da weiß man, was man von einander zu halten hat. Man schätzt die Meinung des anderen. Wenn das Buchstabensachen sind, ist das wahrscheinlich seltener, da hat man doch erheblich weniger Kontakt. In Fachdezernaten ist das regelmäßig anders. Da kennt man sich und kann über die Probleme reden – wo anonyme Parteien gegenüberstehen, fällt es leichter, auch was reinzuschreiben, was auch auf wackligen Füßen steht, da gebe ich dann die ganze Verantwortung einfach ab."*

> *„Die Zusammenarbeit mit der Staatsanwaltschaft ist in unserem Bereich sehr gut. Man kennt die Dezernenten, in einem Verfahren ist man regelmäßig bei der Staatsanwaltschaft. Auch die Erreichbarkeit ist gut; bei den Staatsanwälten gibt es einen Eildienst. Zunächst versuchen wir unsere Dezernenten zu erreichen, wenn das nicht klappt, den Eildienst, da ist einer von 8 bis 16 Uhr; wenn es außerhalb der Zeit ist, dann gibt es noch die Kapitaldezernenten, die sind rund um die Uhr erreichbar."*

Einige Polizeibeamte bewerten jedoch die Rollenverteilung im Ermittlungsverfahren anders als mancher Staatsanwalt. Während von Seiten der Staatsanwaltschaft nicht selten die eigene Rolle als Herrin des Ermittlungsverfahrens und dementsprechend die Rolle des Hilfsbeamten auf Seiten der Polizei betont wird, sprechen nicht wenige der Polizeibeamten eher von einem Verhältnis der Gleichordnung:

> *„An den Tatort lassen wir die Staatsanwälte zunächst nicht, das haben die aber auch verstanden, die bringen da neue Spuren rein...die sollen sich nach der Spurensicherung einen Eindruck verschaffen, dann kommen die*

auch dazu. Bei den Vernehmungen ist die Staatsanwaltschaft in der Regel nicht dabei."

"...Es ist aber auch so, dass wir durchaus mal was kontrovers diskutieren. Es gibt ja auch da Leute, wie bei uns auch, die komischerweise alles einstellen, weil die faul sind oder das sind Alkoholiker wie bei uns auch."

5.1.11 Zusammenarbeit mit Ermittlungsrichtern

Das Verhältnis zu den Ermittlungsrichtern wurde von den befragten Polizeibeamten fast durchweg als problematisch bezeichnet, allerdings mit Ausnahme der im Landgerichtsbezirk A tätigen Beamten.

5.1.11.1 Erreichbarkeit der Richter

Am häufigsten wurde Kritik an der schlechten Erreichbarkeit der Richter geübt, wobei dies teilweise auch unmittelbar Einfluss auf die Qualität der Arbeit habe, wie einer der Polizeibeamten beschrieb:

"Die Richter sind aber eher schlecht zu erreichen. Wenn man Pech hat, ist nach 14 Uhr keiner mehr da, vor 10 Uhr auch nicht. Es ist auch kompliziert, wenn man nachts jemanden festgenommen hat, dann muss man noch durchsuchen, und der Richter will das bis morgens um 10 Uhr zur Entscheidung haben, weil er wieder rechtzeitig gehen will.....da kommt man vielleicht nur mit halben Ergebnissen an. Besser wäre es, wenn man bis 15 Uhr in Ruhe arbeiten und dann zum Richter gehen könnte. Seit dem Urteil des Bundesverfassungsgerichts hat sich auch nichts geändert, der Direktor des Amtsgerichts hat mal gesagt, dass er das auch nicht für erforderlich halte."

Von mehreren Polizeibeamten wurde jedoch nicht nur die oft unzureichende Erreichbarkeit der Richter kritisiert, sondern deren Arbeitseinstellung insgesamt. So beschreiben die zwei folgenden Interviewausschnitte die typischen Problemfelder:

"Mit den Richtern haben wir erhebliche Probleme, die Richter sind von Natur aus faul. Das darf man oft nicht persönlich nehmen, aber das artet oft in einem Machtkampf zwischen Staatsanwalt und Richter aus, zum Beispiel bei der richterlichen Zeugenvernehmung bei Prostituierten aus dem Ostblock, da sagt der Richter oft, das mach ich nicht, ich kann die doch zur Hauptverhandlung laden. Das ist aber in der Realität dann oft

nicht so, da wäre eine richterliche Vernehmung oft wichtig. Die Justiz ignoriert ja auch vieles, was gesetzlich vorgeschrieben ist, zum Beispiel bei der Videovernehmung, z.B. die Vernehmung kindlicher Zeugen, das ist aber auch ein Problem der Personalressourcen, so eine Vernehmung ist ja oft nicht an einem Tag erledigt. Die Richter haben auch Scheuklappen, die sind schon betriebsblind. Oft haben die kein Bild von der Realität, die sollten mal bei uns hospitieren, die Staatsanwälte machen das, die Richter nicht."

"Andere Richter meinen auch, um 14 Uhr ist Feierabend, der Eildienst bei den Richtern ist nur während der Dienstzeiten. In einem Fall brauchten wir mal eine richterliche Vernehmung, der Tatverdächtige wollte eine Aussage machen. Da war der Richter von Anfang an unwillig, er hatte keine Lust, und deshalb hat er den Tatverdächtigen erst mal so belehrt, dass eine Aussage schon fast nicht mehr zu erwarten war. Aber der Tatverdächtige blieb hartnäckig dabei, dass er aussagen wolle, dann war der Richter sauer und hat die Aussage nicht richtig aufgenommen; das habe ich ihm auch gesagt und selber noch mal mitgeschrieben. Da hat er sich natürlich erst recht geärgert. Es gibt aber auch löbliche Ausnahmen."

5.1.11.2 Fachkompetenz der Richter

Neben dem Arbeitseinsatz der Richter beanstandeten mehrere Polizeibeamte auch die Fachkompetenz mancher Richter:

"Mit den Richtern gibt es sehr unterschiedliche Erfahrungen. Da gibt es öfter mal Probleme, hängt davon ab, wo das stattfindet, wie alt die Richter sind, die älteren sind häufig unangenehmer. Zum Beispiel, als wir einen DNA-Beschluss brauchten, da hatten die Richter noch gar nicht den Gesetzestext, da hat der Richter am AG alle Kollegen dazu gerufen, dann wussten die erst mal immer noch nicht, ob und wie. Ich hatte glücklicherweise den Gesetzestext schon mal vorsorglich mitgebracht. Irgendwie ging es dann am Ende auch."

"Aber manche sind einfach nicht auf dem neuesten Stand; ich habe mir auch mal so einen TÜ-Beschluss genauer angesehen, der war so falsch, dass der nicht noch gleich die Todesstrafe mit angeordnet hat, war auch alles......"

5.1.11.3 Persönlicher Kontakt zu den Ermittlungsrichtern

In Anbetracht der Ergebnisse der Aktenanalyse haben wir die Polizeibeamten danach befragt, ob und in welchem Umfang die Richter mündliche Rückfragen an sie richten. Die Polizeibeamten in den Landgerichtsbezirken B, C und D berichteten, dass man nur wenig Kontakt zu den Ermittlungsrichtern hätte und diese auch nur selten Rückfragen an sie stellen würden, obwohl man sich häufiger sehe. So äußerte sich einer der Befragten folgendermaßen:

„Wir gehen öfter mit den Sachen hin zum Ermittlungsrichter, das dient aber weniger dazu, was zu erklären, die fragen so gut wie nie nach. Das dient eher zur Gewährleistung der Geheimhaltung."

5.1.11.4 Ausnahme: Landgerichtsbezirk A

Im Gegensatz zu Polizeibeamten in den anderen untersuchten Landgerichtsbezirken beschrieben die im Landgerichtsbezirk A tätigen Beamten das Verhältnis zu den Ermittlungsrichtern durchweg als „gut" oder „sehr gut". Dies ließ sich offenbar auf drei Faktoren zurückführen:

Keiner der befragten Polizeibeamten hat sich über die mangelnde Erreichbarkeit bzw. mangelnde Arbeitsmoral der Ermittlungsrichter beklagt. Tatsächlich sind die in A tätigen Ermittlungsrichter auch bedeutend länger im Gericht anwesend als die anderer Gerichtsbezirke, nämlich meistens bis 19.30 Uhr. So äußerte sich einer der befragten Polizeibeamten folgendermaßen:

„Die Zusammenarbeit mit den Ermittlungsrichtern ist auch sehr gut, da gibt es kaum Verzögerungen, obwohl die schwer überlastet sind."

Ferner übte keiner der befragten Polizeibeamten Kritik an der fachlichen Kompetenz der Ermittlungsrichter.

Letzten Endes besteht ein intensiver persönlicher Kontakt zu den Ermittlungsrichtern, der – nach Einschätzung der Polizeibeamten – auch die Arbeitsabläufe bestimmt. Dazu zwei Polizeibeamte:

„Das Verhältnis zu den Ermittlungsrichtern ist sehr gut, bei komplizierten Sachen ist es sinnvoll, die vorher schon einzubeziehen. Die kennen dann schon die Akte, wenn wir eine Anordnung anregen, dann verstehen die besser, worum es geht."

> "Man hat aber einen guten Draht zu den Ermittlungsrichtern, wir kennen die vom Sehen und man sucht dann auch das Gespräch. Wenn die Rückfragen haben, rufen die an, auch bevor sie einen Antrag ablehnen."

5.1.11.5 Möglichkeiten der Einflussnahme auf die Entscheidungen der Ermittlungsrichter

Die Polizeibeamten wurden auch danach befragt, welche Möglichkeiten der Einflussnahme auf die Entscheidungen der Ermittlungsrichter sie sehen. Wie es sich schon aus der Aktenanalyse andeutete, scheint Arbeitsersparnis für den Richter ein ganz wesentlicher Faktor für den Erlass des Beschlusses zu sein:

> "Wir nehmen schon Einfluss auf die Entscheidung des Gerichtes, ja, wenn die Sache es erfordert. Wenn wir uns da richtig einsetzen und den Beschluss entsprechend vorbereiten und vorformulieren, geht der auch durch. Das ist dann eben Zusammenarbeit und Einflussnahme."

> "Es gibt für uns auch keine Möglichkeit der Einflussnahme, so autonom sind die schon, es ist allerdings klar, dass ich einen Beschluss nicht unbedingt bekomme, wenn ich dem Richter 20 Meter Akten hinschmeiße und sage: lesen Sie mal!"

Nicht als Mittel zur Einflussnahme wurde die selektive Weitergabe von Informationen genannt. Im Zusammenhang mit der Frage des Straftatenkataloges haben allerdings mehrere Polizeibeamte berichtet, dass man eine Straftat auch einmal „hochpeitsche", um die gewünschte Telefonüberwachungsmaßnahme begründen zu können. Typisch ist insoweit der Ausspruch eines Polizeibeamten:

> "Manchmal kommt man schon in Begründungsnotstände. Wenn der Bereich besonders sensibel ist, ist es am Anfang schwierig, die Katalogtaten und so weiter ausreichend zu begründen, da muss man sich schon einiger Kunststücke bedienen."

5.1.11.6 Straftatenkatalog

Die Polizeibeamten wurden auch danach befragt, inwieweit sie den Straftatenkatalog für ergänzungsbedürftig hielten. Im Bereich der OK-Dienststellen wurde der Katalog ganz überwiegend für ausreichend erachtet, soweit es den eigenen Bereich betraf. Allerdings haben hier verschiedene Polizeibeamte die Notwendigkeit gesehen, verschiedene Korruptionstatbestände in den Katalog aufzunehmen.

"Da fehlen die Korruptionsdelikte. Und wenn man böse wäre, könnte man mal mutmaßen, warum... Das wäre ganz, ganz wichtig."

Vielfach beanstandeten die in den Kapitalabteilungen tätigen Polizeibeamten, dass ihnen die Möglichkeit fehle, eine Telefonüberwachung und insbesondere eine Standortbestimmung nach dem Polizeigesetz durchzuführen. Das Dilemma beschreibt einer der befragten Polizeibeamten folgendermaßen:

"Dass es im Polizeigesetz keine Möglichkeit für eine Telefonüberwachung gibt, tut uns ganz weh, insbesondere bei Suizid-Fällen. In Niedersachsen gibt es ja die Möglichkeit, „bei dringenden Gefahrensituationen", also Unglückslagen oder Suizidlagen, denjenigen per Standortbestimmung zu orten. Wir machen das bei Suizidfällen inzwischen so, dass wir die Netzbetreiber bitten, uns die Daten freiwillig zur Verfügung zu stellen. Ich habe da auch schon einmal einem von denen gesagt, dass die ja sonst auch einen Kunden verlieren, marktwirtschaftlich gedacht, das hat er sich gleich aufgeschrieben. Früher haben wir in Fortbildungsveranstaltungen behauptet, dass das über § 34 StGB abgedeckt sei, weil der Gesetzgeber das bisher noch nicht gesehen habe; das widerspricht jedoch der Kommentierung zu § 34, deswegen machen wir das auch nicht mehr."

Allgemein wurde beklagt, dass einige Sexualdelikte im Bereich des § 100 a StPO fehlten. Dazu einer der befragten Polizeibeamten:

"Was die Telefonüberwachung angeht, so fehlen meiner Meinung nach gravierende Tatbestände, so etwa die Vergewaltigung oder Tatbestände aus dem Bereich der Kinderpornographie. Man kann sagen, dass es in § 100a im europäischen Vergleich eine Lastigkeit zugunsten der Rauschgiftkriminalität gibt. Den Rauschgift-Täter trifft insoweit die volle Härte des Gesetzes, im Bereich OK gilt nichts anderes."

Nach Ansicht der Polizeibeamten ergeben sich dadurch Probleme insbesondere bei der Verwertbarkeit:

"Was den Katalog der Straftaten in § 100a angeht, ist das für unseren Bereich (OK) in Ordnung. Wir hatten jedoch früher mal ein Gespräch abgehört, wo es dann auch um eine Vergewaltigung ging, da hatten wir dann Verwertungsprobleme; da haben sich die Kollegen schon geärgert, weil denen so was ja dann auch am Herzen liegt."

5.2 Auswertung der Interviews mit den Staatsanwälten

5.2.1 Verfahrensmäßiger Ablauf einer Telefonüberwachung:

Der verfahrensmäßige Ablauf einer Telefonüberwachungsmaßnahme kann grundsätzlich danach unterschieden werden, ob die Maßnahmen in einem Kapitaldezernat oder einer OK- bzw. Wirtschafts- oder Btm-Abteilung durchgeführt werden soll. Während in den Kapitalabteilungen die Auswertung von im Zusammenhang mit dem Telekommunikationsverkehr angefallenen Verbindungsdaten die Hauptrolle spielt, geht es in den anderen Abteilungen primär um Gesprächsauswertung. Dementsprechend divergieren auch die Vorgehensweisen:

„Für das Zustandekommen der TÜ gibt es grundsätzlich zwei Möglichkeiten: In der Kapitalabteilung fallen die meisten Sachen ja am Wochenende an. Wenn das Opfer ein Handy besessen hat, dann muss man feststellen, mit wem die letzten Telefongespräche geführt wurden. Einige der Daten werden schon nach drei Tagen gelöscht, deshalb braucht man oft eine Eilanordnung, denn am Wochenende weiß man nie, ob man einen Richter erreichen kann. Für die normalen Telefonüberwachungen, die in unserer Abteilung aber eher selten sind, gibt es einen richterlichen Beschluss."

„Verfahren aus der OK fangen anders an. Da haben Sie erst mal keine Straftat, sondern einen Täterkreis, der mutmaßlich Straftaten begeht. Sobald sich die Hinweise so verdichtet haben, dass ein Anfangsverdacht besteht, können Sie eine TÜ-Maßnahme schalten, anders kommen Sie in den Täterkreis auch nicht rein. In der OK beschäftigt man sich ja auch mit Großdealern, da haben Sie kein klassisches Tatopfer."

Zum üblichen Ablauf der Vorgehensweise im Zusammenhang mit der Initiierung der Maßnahme „Telefonüberwachung" befragt, wies lediglich einer der interviewten Staatsanwälte aus einem Kapitaldezernat darauf hin, dass er die Maßnahme häufig selbst anstoße:

„Ich initiiere die TÜ sehr häufig, ich bin da etwas cooler drauf..."

Diese Vorgehensweise stellt aber wohl eindeutig den Ausnahmefall dar, alle anderen Staatsanwälte bestätigten vielmehr abteilungsübergreifend den aus der Aktenanalyse gewonnenen Eindruck, dass es die Polizei sei, die regelmäßig die Telefonüberwachung initiiere.

„In der Abteilung werden Wirtschaftssachen, Geldfälschung und Zigarettenschmuggel bearbeitet... Häufig rufen die Ermittlungsbeamten vorher an, die klären das vorher ab, der Dezernent sagt dann: Ja, machen Sie einen Aktenvermerk, und kommen Sie mit dem ganzen Schwindel mal hierher..."

Exemplarisch hinsichtlich der Initiierung der Maßnahme war insoweit die folgende Aussage eines mit OK befassten Staatsanwalts:

„Die Initiative zur TÜ geht im Regelfall von der Polizei aus, die ist ja auch nicht dümmer..."

Zu einer Verlagerung der Initiative kommt es allenfalls aus praktischen Gründen dann, wenn der Etat der Polizei – aus welchem die TÜ-Kosten zu tragen sind – einer weiteren Telefonüberwachung entgegensteht:

„...manchmal geht die Initiative zur TÜ auch von mir aus...Es gibt bei der TÜ nämlich insoweit ein Problem, als der Einsatz vom Innenministerium kostenmäßig übernommen werden muss, da kann es dann sein, dass im November eigentlich kein Geld mehr im Etat vorgesehen ist, dann schlägt die Polizei die TÜ auch nicht mehr vor."

Dabei wird in den OK-Abteilungen auch von Seiten der Staatsanwaltschaft darauf hingewiesen, dass vom Beginn eines Ermittlungsverfahrens an eine enge Zusammenarbeit zwischen Staatsanwaltschaft und Polizei üblich sei:

„Im OK-Dezernat ist von Anfang an Zusammenarbeit mit der Polizei, die Polizei ermittelt nur mit der Staatsanwaltschaft..."

Weiter erklärten die Staatsanwälte aus den OK-Dezernaten – wie auch die Polizeibeamten aus den entsprechenden Dienststellen –, dass eine Telefonüberwachung dort regelmäßig die Einstiegsmaßnahme darstelle:

„In Großverfahren kommt der Hinweis oft von einer VP. Das ist der Einstieg und dann gibt es die erste Telefonüberwachung, die vielleicht noch weitere nach sich zieht. Die TÜ ist selten primäres Beweismittel, eher Einstieg für weitere Ermittlungen..."

„Das ist zu 99 % der Beginn des Verfahrens, das sich fast immer gegen einen bestimmten Beschuldigten richtet... die Polizei kommt fast immer am Anfang des Verfahrens, im laufenden Verfahren ist die TÜ ganz sel-

ten... Ich will von der Polizei immer alles schriftlich haben, ich sage dann: Schreibt mal einen Vermerk."

5.2.2 Ablehnung:

Die Staatsanwälte berichteten, dass sie die Initiative der Polizei zur Durchführung einer Telefonüberwachung nur sehr selten zurückweisen:

"Ablehnungen von Anregungen gibt es ca. 1- 2 pro Jahr."

"Dass ich eine Anregung der Polizei ablehne ist sehr selten, geht gegen Null; die Ersuchen der Polizei sind im Regelfall auch gut, das sind seit Jahren in dem Bereich tätige Beamte."

Allerdings zeigten sich in einem Kriminalitätsbereich gewisse Diskrepanzen zu den Aussagen der Polizeibeamten. Während die befragten Polizisten aus den Kapital-Dienststellen erklärt hatten, dass in ihrem Bereich noch nie Ablehnungen seitens der Staatsanwaltschaft erfolgt seien, berichteten die Staatsanwälte aus jenen Dezernaten, dass sie durchaus schon Anregungen zurückgewiesen hätten:

"Es kommt auch mal vor, dass ich ein Ersuchen der Polizei ablehne; die Polizei möchte oft alles machen, was technisch möglich ist. Das ginge manchmal aber auch über den von der StPO vorgesehenen Rahmen hinaus, das mache ich nicht mit. Der Verhältnismäßigkeitsgrundsatz hat beispielsweise bei der Polizei wenig Bedeutung...die Polizeibeamten sind eben echte Strafverfolger, wir sind da eher ein Korrektiv..."

"Es kommt gelegentlich vor, dass ich eine Anregung der Polizei auf TÜ ablehne."

"Eine Ablehnung der polizeilichen Anregung kommt selten vor, dass kann mal sein, wenn ich die TÜ von Anfang an für aussichtslos halte, das wird dann besprochen, so was kommt nicht in die Akte."

Die zuletzt genannte Aussage deutet bereits darauf hin, dass die beschriebenen Abweichungen möglicherweise auf Wahrnehmungsunterschiede zurückzuführen sind.

So wird die mündliche staatsanwaltliche Ablehnung einer polizeilichen, im Gespräch vorgetragenen Initiative von den Polizeibeamten eher nicht als Ablehnung eines Ermittlungsersuchens aufgefasst, und die schriftliche Ablehnung einer schriftlich vorgebrachten TÜ-Anregung scheint – was auch die Aktenauswertung zeigt – praktisch kaum vorzukommen:

„Wir lehnen TÜ selten ab. Das kommt nicht daher, weil wir uns von der Polizei vorschreiben lassen, welche Ermittlungsmethoden wir wählen, sondern weil wir eine sehr vertrauensvolle Zusammenarbeit mit der Polizei haben. Da wird am Anfang ein Besprechungstermin mit der Polizei gemacht ...da wird geschaut, ob man noch Kapazitäten für die Durchführung eines Ermittlungsverfahrens hat, welche Ermittlungsansätze es gibt... In der Regel kommt man in solchen Besprechungen dann zu einem einheitlichen Ergebnis. Diese Besprechung wird dann von der Polizei in Vermerkform als Ersuchen für die Akte formuliert."

„Die Ablehnung von polizeilichen Ersuchen ist sehr gering, das hängt damit zusammen, dass die Polizei im Bereich Kapital wirklich gut ist; die machen uns bestimmte Vorschläge gar nicht, wenn die nicht durchgehen; etwa 5 % lehne ich ab. ... Wenn ich die polizeiliche Anregung ablehne, notiere ich das im Regelfall nicht in der Akte, weil die Anregung meist telefonisch läuft. Das notiert allenfalls ein Polizeibeamter, der sich darüber geärgert hat und dokumentieren will, dass es an dem halsstarrigen Staatsanwalt lag."

„...Das ist meist einvernehmlich. Selten schreibt die Polizei eine Ablehnung seitens der Staatsanwaltschaft in die Akte, das würde ja nur zu Konfrontationen führen."

5.2.3 Ablehnungen durch den Richter:

Ähnlich wie die Polizeibeamten erklärten auch die Interviewpartner aus dem Kreis der Staatsanwaltschaft, dass die richterliche Ablehnung einer staatsanwaltlich beantragten Telefonüberwachung den absoluten Ausnahmefall darstelle:

„Eine Ablehnung durch den Richter kommt ganz selten einmal vor."

5.2.4 Eilanordnungen:

Hinsichtlich der Frage nach der Inanspruchnahme von Eilkompetenzen zeigen sich in den Interviews mit den Staatsanwälten deutliche Unterschiede, welche wohl auch abteilungsspezifisch bedingt sind.

In Übereinstimmung mit den Polizeibeamten der OK-Dienststellen erklären auch die Staatsanwälte der OK-Dezernate, dass in ihrem Tätigkeitsbereich die staatsanwaltliche Anordnung einer Telefonüberwachung nur sehr selten – nämlich dann, wenn sich aus einer laufenden TÜ konkrete Hinweise auf eine unmittelbar bevorstehende Transaktion verbunden mit einem Handywechsel ergeben – vorkommt. Das zeigte sich auch in der Aktenauswertung.

„Überwiegend ergehen die Sachen auf richterlichen Beschluss, nur im Ausnahmefall, ich würde das im OK-Bereich auf nicht mehr als 10 % schätzen, gibt es Eilanordnungen."

„Eilanordnungen gibt es in den Fällen der Geiselnahme, insgesamt eher selten, oder wenn eine TÜ läuft und man erfährt abends von einem unmittelbar bevorstehenden Rauschgiftgeschäft."

„Eine Eilanordnung ist ganz selten, kommt aber mal am Wochenende oder in der Nacht vor...oder wenn die Täter Handys wechseln..."

„Die Notwenigkeit einer Eilanordnung ergibt sich selten, wenn auch im OK-Bereich vielleicht noch häufiger als die Eilanordnung einer anderen Maßnahme, wenn z.B. eine Fahndung nach einem Tatverdächtigen läuft, von dem ich – aufgrund anderer Maßnahmen – zuverlässig weiß, dass er sich kurzfristig bei seinen Angehörigen melden wird, das kann in 10 Minuten sein, dann kann ich nicht erst einen Antrag schreiben..."

Demgegenüber berichten die Kapital-Staatsanwälte, dass sie im Vergleich zu anderen Abteilungen eher häufig eine Telefonüberwachung selbst anordnen müssten, was nachvollziehbar auf die Deliktsnatur zurückzuführen ist:

„Eilanordnungen sind im Bereich Kapital eher der Regelfall. Die vorbereitete TÜ kommt – anders als bei der OK – sicher eher selten vor. Das liegt daran, dass der Hauptkampftag für die Kapitalabteilung der Freitag ist. Wenn das Wochenende ansteht, kommt es besonders häufig zu entsprechenden Delikten. Die Dezernenten im Kapitalbereich machen den Eildienst, bei den Richtern gibt es bislang keinen."

„Etwa 2/3 der TÜ ergehen als Eilanordnungen, dabei ist allerdings auch viel Wabenauswertung; wenn dem Tatopfer das Handy weggenommen wurde, kommt man sonst nicht weiter."

„Der Regelfall in meiner Abteilung ist die Anordnung in Eilkompetenz, die Regelanordnung ist seltener, na, man kann sagen, die Eilanordnungen machen 40 % aus. Man macht das zum Start der Ermittlungen. Oft macht es Sinn sofort aufzuschalten, wenn der Richter Zeit hat, in zwei Stunden eine Anordnung zu treffen ist das gut, sonst ordne ich da selber an. Eher soll die Sache unverwertbar sein, als ich da ne Chance verpasse. Die andere Seite ist uns da eh immer einen Schritt voraus."

Wie häufig die Telefonüberwachung eingesetzt wird, konnten die befragten Staatsanwälte häufig nicht abschätzen, deutlich wurde aber, dass die Telefonüberwachung in den OK-Dezernaten sicher eine Standardmaßnahme geworden ist:

„Im OK-Bereich muss man die TÜ im Regelfall dabei haben, es fehlt an alternativen Ermittlungsmethoden, man kann eine Zeitlang observieren, aber auch dann braucht man eine TÜ zur Ergänzung, im OK-Bereich macht man durch offene Maßnahmen das Verfahren sonst sofort kaputt."

Aber auch im Bereich der Kapitaldelikte entwickelt sich die Telefonüberwachung zunehmend zu einer Routinemaßnahme:

„...man kann sagen, dass etwa in einem Drittel der Fälle TÜ eingesetzt werden."

„Die klassische Telefonüberwachung mit Gesprächsüberwachung ist im Kapitalbereich weniger bedeutsam als die Abfrage von Verbindungsdaten. Diese Abfrage ist ganz wichtig für unsere Arbeit..."

„Die TÜ ist eine Standardmaßnahme."

5.2.5 Erfolg

Die Interviewpartner wurden auch hier gebeten, eine Einschätzung zum Maßnahmenerfolg abzugeben, wobei „Erfolg" so definiert sein sollte, dass die Telefonüberwachung jedenfalls mittelbar – beispielsweise durch Geständnisse auf das Vorspielen von abgehörten Telefongesprächen hin – zur Überführung der Täter beigetragen hat.

Die Antworten der Staatsanwälte variierten hier sehr stark, was sich zum Teil durch abteilungsspezifische Unterschiede erklären lässt.
Während die Erfolge der Maßnahme aus der Kapitalabteilung dann als eher hoch eingestuft werden, wenn es um die Abfrage von Verbindungsdaten geht,

waren die Bewertungen dieser Abteilung für die Gesprächsüberwachung überwiegend zurückhaltend:

"Diese Abfrage [von Verbindungsdaten] ist ganz wichtig für unsere Arbeit, dabei haben wir auch eine hohe Erfolgsquote."

"Die TÜ ist im Bereich der Kapitaldelikte eher weniger erfolgreich, aber sie ist halt manchmal das letzte Mittel, von dem man noch hofft, dass die Tat aufgeklärt werden kann."

"Die Erfolgsquote der TÜ liegt so zwischen 5 und 10 %, darüber hinaus ergeben sich aus der TÜ jedoch Mosaiksteine für weitere Ermittlungen. Nach meinem Gefühl handelt es sich um eine Waffe, die erst sehr scharf war, von der man jetzt aber sagen muss: die Gegenseite hat sich darauf eingestellt, die weichen auf Telefonzellen aus."

Lediglich einer der Interviewpartner aus einem Kapitaldezernat schätzte die Erfolgsquote abweichend von den übrigen Aussagen als hoch ein:

"Heute sind 60 % der TÜ erfolgreich, früher war die Quote höher, da viele Straftäter sich nicht im klaren waren, dass man Handys abhören kann."

Einer der Befragten war hingegen der Auffassung, dass eine solche Erfolgseinschätzung grundsätzlich nicht möglich sei:

"...zumal ein Erfolg beim Einsatz der TÜ ja auch darin liegen kann, dass entlastende Umstände zu Tage treten."

Staatsanwälte aus den OK-Dezernaten machten darauf aufmerksam, dass die Telefonüberwachung häufig eingesetzt wird, wenn es darum geht, die Hintergründe eines bestimmten Täterkreises zu erhellen. Gerade im Bereich der Verfolgung der organisierten Kriminalität sei die Telefonüberwachung – aufgrund der Professionalisierung der Tätergruppierungen - heute offenbar zunehmend weniger als direktes Beweismittel vor Gericht gefragt:

"Da versucht man erst mal herauszufinden, wer mit wem Kontakt hat. Ist das ein normales Verwandtschaftsverhältnis, oder bewegt es sich im normalen gesellschaftlichen Rahmen, oder geht es darüber hinaus? Und wenn man nur verdeckte Sprache zu hören bekommt, so weiß man doch, dass etwas verdeckt werden soll...da kann man auch eine Kurierfahrt mittels Standortabfrage des Handys überwachen, denn eine ganze Fahrt

kann man einfach nicht überwachen, die merken das sonst. Für solche Fälle ist die TÜ wichtig."

Die mit Hilfe der Telefonüberwachung zu gewinnenden Erkenntnisse werden dafür aber verstärkt zum Ausgangspunkt weiterer Ermittlungstätigkeit genutzt:

„Die TÜ ist ein sehr erfolgreiches Mittel, in ca. 90 % bekomme ich jedenfalls über die TÜ weitere Anhaltspunkte für das Verfahren, irgendwas hört man ja immer."

„Die TÜ ist fast immer erfolgreich, ich kann mich nur an einen Fall in der ganzen Zeit erinnern, da ist nix draus geworden."

„Die Erfolgsquote liegt – in Abhängigkeit von der Zählung, aber wenn auch mittelbare Erfolge zählen – bei etwa 90 %."

Ein Staatsanwalt fasste wie folgt zusammen:

„Der Erfolg ist abhängig von der Dummheit der Täter. Durch die TÜ allein ist kein Nachweis vor Gericht zu erbringen, die Zeiten sind vorbei, wo die Täter offen geredet haben..."

5.2.6 *Benachrichtigung der Betroffenen:*

Der Staatsanwaltschaft obliegt es kraft ihrer Funktion als Herrin des Ermittlungsverfahrens, die unmittelbar Betroffenen nach Abschluss der Maßnahme von der Telefonüberwachung zu unterrichten, sofern nicht besondere Umstände vorliegen, die eine Benachrichtigung nicht angeraten erscheinen lassen. In der Aktenanalyse hatte sich bereits angedeutet, dass man den Benachrichtigungspflichten offenbar nicht überall mit der gleichen Sorgfalt nachkommt. Dies bestätigt sich in den mit den Staatsanwälten geführten Interviews; lediglich einer der Befragten erklärte, dass die Benachrichtigung grundsätzlich erfolge.

„Die Benachrichtigung ist natürlich dann unpraktikabel, wenn die TÜ eine öffentliche Telefonzelle betraf; aber sonst werden die Betroffenen benachrichtigt, steht ja so im Gesetz."

Viele der Interviewpartner verwiesen demgegenüber zunächst darauf, dass sie die Benachrichtigung dann als überflüssig erachteten, wenn der Rechtsanwalt des Tatverdächtigen aufgrund seiner Akteneinsicht von der durchgeführten Maßnahme Kenntnis erlange:

„Wenn ein Anwalt in das Verfahren eingeschaltet ist und Akteneinsicht genommen hat, halte ich eine Extra-Benachrichtigung nicht mehr für sinnvoll. Sonst halte ich mich aber eigentlich daran."

„Die Betroffenen sind für mich die Nutzer; die Benachrichtigung erledigt sich im Regelfall durch Einsichtnahme des Verteidigers; ich hab fast nur Fälle, wo Verteidiger drin sind."

„Im Regelfall haben wir eine Anklageerhebung, da haben die Verteidiger ja Akteneinsicht, da erfahren die Beschuldigten ja dann von der TÜ. Wenn der Anschlussinhaber die Ehefrau oder Freundin war, dann gehen wir schon davon aus, dass die durch die Verteidiger davon erfahren; die werden dann nicht benachrichtigt."

„Im Regelfall läuft das über den Verteidiger, der ist irgendwann im Spiel und hat dann Akteneinsicht, das sehe ich als konkludente Benachrichtigung."

Andere der befragten Staatsanwälte vertraten darüber hinaus die Ansicht, dass eine nachträgliche Information des Betroffenen praktisch überflüssig sei, da diese den Eingriff ohnehin nicht mehr ungeschehen machen könne bzw. der mit der Maßnahme verbundene Grundrechtseingriff nicht besonders schwerwiegend sei:

„Es kann sein, dass das vergessen wird, bestimmt kommt das auch mehr als einmal vor. Im Prinzip würde das ja auch nichts mehr nutzen,... die Aufregung der Betroffenen wäre ja umsonst, denn die Maßnahme ist ja zu dem Zeitpunkt bereits gelaufen. Ich denke, es ist sogar für den Seelenfrieden für den Betroffenen besser, wenn die nichts davon erfahren...ich gehe da mal von mir aus, ich würde das auch nicht wissen wollen, denn das Ganze kann ich eh nicht mehr ändern."

„Das wird oft bewusst oder unbewusst vergessen. Viele sind der Ansicht: Das stiftet sonst nur Unruhe, die im Prinzip vermeidbar ist, wenn nicht der Beschuldigte direkt betroffen ist. Es gibt auch Kollegen, die meinen: Der Eingriff ist so gering, dass ich nicht benachrichtigen brauche, das könnte ich auch unterstreichen, denn da wird alles gelöscht und vernichtet, was man nicht braucht."

Darüber hinaus erklärten zwei der Interviewpartner aber auch, dass eine Benachrichtigung in bestimmten Fällen verschoben werde, nämlich dann, wenn die Polizeibeamten noch damit rechneten, dass sich in absehbarer Zeit noch weitere

Erkenntnisse ergeben könnten, die zur Überführung des Verdächtigen beitragen würden:

> *„Die Benachrichtigung des direkt Betroffenen erfolgt immer, es sei denn, dass ein Sonderfall vorliegt, dass noch etwas in der Schwebe ist. Aber dann kommt die Akte auf Frist. Ich lege dann aber Wert darauf, dass die Polizeibeamten mir handfeste Gründe nennen, wieso die Benachrichtigung zurückzustellen ist."*

> *„... Es kann sein, dass man die Benachrichtigung hinausschiebt, wenn zunächst noch Ermittlungen durchgeführt werden, kann dann sein, dass man die Benachrichtigung erst mal vergisst, aber spätestens bei Anklage oder Einstellung denkt man dran."*

Man kann nicht umhin zu konstatieren, dass die Einschätzung mancher Staatsanwälte, der Benachrichtigungspflicht werde immer nachgekommen, wenig realistisch ist. Die im Gesetz ausdrücklich geforderte Benachrichtigung stellt in der Praxis die absolute Ausnahme dar.

5.2.7 Meldung

Im Rahmen der Aktenanalyse wurde festgestellt, dass die offiziellen Statistiken nur ein ungefähres Bild vom Ausmaß der in den untersuchten Bundesländern durchgeführten Telefonüberwachungen zeichnen, d.h. viele Telefonüberwachungen werden gar nicht gemeldet und somit auch nicht erfasst. In den Interviews haben wir daraufhin die mit dem Erlass von Überwachungsmaßnahmen befassten Staatsanwälte danach befragt, ob ihnen dies bekannt sei und aus welchen Gründen sie die durchgeführten Telefonüberwachungen nicht melden würden bzw. welche Gründe sie sich hierfür vorstellen könnten. Fast alle Interviewpartner gaben an, von der fehlerhaften Kennzeichnung zu wissen oder eine solche zumindest für möglich zu halten. So wurde verschiedentlich darauf hingewiesen, dass es unwahrscheinlich sei, dass eine bestimmte Abteilung überhaupt keine oder nur wenige Telefonüberwachungen zu verzeichnen hätte. Ein Staatsanwalt meinte zur Erfüllung der Meldepflicht:

> *„Das ist eine unangenehme Verwaltungsarbeit. Wir sind gehalten, die Meldezettel auszufüllen und im allgemeinen wird das auch gemacht. Ich kann aber nicht ausschließen, dass da gelegentlich – aufgrund des Arbeitsdruckes – vergessen wird. Man sieht die Diskrepanz ja auch immer, wenn die Telekom ihre Zahlen veröffentlicht."*

Nach den Gründen für die unzureichende Erfüllung der Meldepflicht befragt, gaben die meisten Interviewpartner an, dass es bisweilen aufgrund des Arbeitsdrucks schlicht vergessen werde. Vielfach wurde auch darauf verwiesen, dass es sich bei dem Ausfüllen der Meldezettel nicht um eigentlich staatsanwaltschaftliche Tätigkeit handele (*„unangenehme Verwaltungsarbeit"*) und dementsprechend wenig Ansehen genieße. Typisch ist insoweit der Ausspruch eines Staatsanwaltes:

> *„ Ich bin doch kein Statistiker. Im übrigen gibt es ja keine Meldepflicht im eigentlichen Sinne, das ist ja nur auf eine Hausverfügung der Behördenleitung zurückzuführen. Wenn die TÜ gemeldet werden sollen, muss da ein Erlass vom Ministerium kommen, und dann mache ich das vielleicht, wenn ich dran denke. "*

Als weiterer Grund für die unzureichende Meldung wurde jedoch auch die schlichte Unkenntnis von der Meldepflicht genannt. So vermuten verschiedene Staatsanwälte, dass in einigen Abteilungen, die eher selten mit Telefonüberwachungen konfrontiert seien, die Meldepflicht vielleicht nicht allen Staatsanwälten bekannt sei.

Von einem Staatsanwalt wurde darauf hingewiesen, dass die unzutreffende Meldung der Vergangenheit angehöre, da die Meldepraxis vor drei Jahren geändert worden sei und seither die Zahl der Telefonüberwachungen zutreffend erfasst werde:

> *„Früher wurde die Statistik der Behördenleitung nicht richtig gemeldet, jetzt ist das in trockenen Tüchern, weil die Polizei eine Zentralsammelstelle hat. Das wird dann nach Ist-Zahlen gezählt, da werden seit zwei Jahren alle Fälle aus der gesamten Behörde erfasst. "*

Ein anderer Interviewpartner aus demselben Bundesland wies darauf hin, dass nach der Umstellung ein ganz erheblicher Anstieg der offiziellen Zahlen in diesem Bundesland feststellbar gewesen sei.

In dem anderen untersuchten Bundesland ließ sich bisher kein Änderung der Zählweise feststellen. Insoweit muss hier davon ausgegangen werden, dass dort die Anzahl der tatsächlich durchgeführten Telefonüberwachungen deutlich über den in der offiziellen Statistik verzeichneten Zahlen liegt.

5.2.8 Zusammenarbeit mit der Polizei

Die Zusammenarbeit mit der Polizei wurde von allen befragten Staatsanwälten – jedenfalls von den Sonderdezernenten – als „gut" bis „sehr gut" bezeichnet.

5.2.8.1 Faktoren für eine als gut bewertete Zusammenarbeit

Als wesentlicher Indikator für eine als gut zu bewertende Zusammenarbeit kann offenbar ein persönliches Vertrauensverhältnis zu den betreffenden Polizeibeamten angesehen werden. So berichteten die befragten Staatsanwälte, dass man die Beamten erst nach einer gewissen Zeit sowohl fachlich als auch menschlich einschätzen könne, so dass man wisse, wessen Angaben man vertrauen könne. Typisch sind insoweit die folgenden Aussagen:

"Wenn man bei den Richtern als zuverlässig bekannt ist, dann hat man natürlich eine hohe Trefferquote, d.h., da wird kaum was abgelehnt. Das ist bei mir umgekehrt auch so, bei manchen Polizeibeamten vertraut man einfach, bei anderen will man alles schriftlich haben."

„Bei der Polizei kennt man seine „Pappenheimer", da weiß man, wo man vorsichtig sein muss."

Die Staatsanwälte wurden auch danach befragt, ob man den Angaben der Polizei grundsätzlich trauen könnte oder ob es vorkäme, dass die Polizeibeamten Informationen unzureichend oder falsch an die Staatsanwaltschaft weitergäben. Einige der befragten Staatsanwälte gaben an, dass sie sich dies nicht vorstellen könnten; andere berichteten allerdings, dass dies im Laufe ihrer Berufszeit vorgekommen sei. Als Beispiel hierfür stehen die folgenden Gesprächsausschnitte:

„Die Polizei gibt alle Informationen an mich weiter, ja, das würde ich sagen. Als ich bei OK anfing, da gab es schon einen Polizeibeamten, der hat es nicht für nötig befunden, mich über alles zu informieren, heute sieht das anders aus. Ich habe die entsprechenden Erfahrungen, und dann trauen die Polizeibeamten sich das nicht; man sieht der Akte auch an, ob da Informationen zurückgehalten werden sollen. Früher hat die Polizei schon mal versucht, mich zu manipulieren."

„Die Zusammenarbeit mit der Polizei ist gut (...). Ausnahmen gibt es, aber wenn mich ein Kriminalbeamter einmal reinlegt, dann macht der das nicht wieder. Das ist ein gegenseitiges Geben und Nehmen. Ich verlasse mich erst mal auf die Polizeibeamten, es tauchen da immer wieder die gleichen Leute auf, und dann kennt man die."

> *"Nur das X (Bundesbehörde) hat einmal versucht, eine VP zu unterschlagen; die Polizeibeamten vor Ort wagen das nicht, die Polizei ist hier so gut, wie wir sie erscheinen lassen."*

> *"Es ist einmal vorgekommen, da hat ein Polizeibeamter was vergessen, aber der war auch hinzugezogen zur Verstärkung. Dann wird der Staatsanwalt von dem Anwalt angegangen. Da muss man dann als Staatsanwalt den Kopf hinhalten, obwohl man gar nichts gewusst hat. Dass etwas gezielt nicht in die Akten kommt, habe ich noch nie erlebt, ich würde das auch nicht empfehlen, die Lebenserfahrung sagt: alles kommt irgendwann raus."*

> *"In Bezug auf einen Beamten habe ich das mal erlebt. Da ist was nicht weitergegeben worden. Da wurde von einem Beamten, der glaubte, tatsächlich der Sache damit zu dienen, was Falsches gesagt. Da muss man dann das persönliche Gespräch suchen; das persönliche Gespräch hat dann auch der Behördenleiter gesucht."*

Befragt man die Staatsanwälte nach den Gründen für eine solche fehlerhafte Information, werden im wesentlichen zwei Aspekte genannt:
– das Fehlen eines persönlichen Vertrauensverhältnisses und
– rechtswidrige Ermittlungsarbeit der Polizei.

Den Umgang mit diesem Problem beschreibt einer der Staatsanwälte:

> *"Wenn Sie 10 Jahre OK gemacht haben, da haben Sie auch genug Erfahrung, um da mitreden zu können. Das lernt man aber nur in der Praxis. Ich duze mich auch mit den Beamten. Was die Selektion von Informationen betrifft, so kommt das bei mir wohl nicht vor, aber die Fälle gibt es. In der Regel kommt das, weil die Beamten kein rechtes Vertrauen zu den Staatsanwälten haben oder die haben etwas gemacht, was von der StPO nicht gedeckt ist. Ich sage den Beamten immer, wir können alles diskutieren, ich mach auch was, was nur noch gerade haarscharf von der StPO gedeckt ist, aber ich muss auch sehen, was nachher in der Hauptverhandlung passiert."*

Daneben berichteten einige Staatsanwälte, dass es gelegentlich vorkomme, dass die Polizei zwar einen Sachverhalt nicht bewusst falsch vortrage, aber ihn durch die polizeiliche Perspektive gefiltert darstelle:

"Problematisch kann es sein, wenn man sich fernmündlich einen Sachverhalt vortragen lässt, da kommt es vor, dass Tatsachen von der Polizei anders gewichtet werden. Da kommt es dann auch schon vor, dass man die Sache im Nachhinein anders beurteilen würde."

"Entscheidungen werden von der Polizei auch oft eingeholt, um sich vor den Vorgesetzten rechtfertigen zu können. Da kann man dann sagen: Der Staatsanwalt ist schuld. Wenn ich den Eindruck habe, ich kann den Fall am Telefon nicht beurteilen oder die Beamten teilen mir nicht alles mit, dafür kriegen Sie im Laufe der Zeit ein Gefühl, dann lasse ich mir den Vorgang zufaxen."

Befragt nach den Möglichkeiten, solche Einflussnahme zu vermeiden, nannten die Staatsanwälte am häufigsten Berufserfahrung (*"zehn Jahre OK"*), persönliche Durchsetzungsfähigkeit (*"da muss man sich Respekt verschaffen"*) und eine auf längerfristige Zeit angelegte Zusammenarbeit (*"gegenseitiges Geben und Nehmen"*; *"die sieht man ja immer wieder"*).

Als weiterer wichtiger Faktor für eine gute Zusammenarbeit wurde die fachliche Kompetenz der Polizeibeamten genannt. Dabei haben die befragten Staatsanwälte die Fachkompetenz der Polizeibeamten durchweg anerkannt, soweit es sich um Fachkommissariate handelte:

"Die Zusammenarbeit mit den Polizeibeamten ist in der Kapitalabteilung hervorragend. Da besteht personelle Kontinuität, da sind auch Fachleute auf der Seite der Polizei."

Als insgesamt problematischer wurde die Zusammenarbeit mit der Schutzpolizei beschrieben. Insbesondere die fehlende Fachkompetenz der Beamten wurde hier bemängelt. Welche Probleme in der Zusammenarbeit auftauchen können, beschreibt ein Staatsanwalt:

"Das ist unterschiedlich, von der Atmosphäre her ist die Zusammenarbeit mit der Polizei aber überwiegend gut. Bei der Qualität der Arbeit gibt es eher Unterschiede: im Bereich der Verfolgung von Sexualdelikten sind die Polizeibeamten sehr gut. Die sind spezialisiert und die Spezialisierung wirkt sich auch auf das aus, was man später in der Akte findet.
Mit der Schutzpolizei ist es schwieriger. Da sind die rechtlichen Kenntnisse nicht so gut, es fällt denen auch schwerer, rechtliche Entscheidungen zu begreifen. Da werden manche Sachen dann auch nicht ermittelt, weil die nicht sehen, dass es später darauf ankommt. Ich habe da Entscheidun-

gen von mir auch schon in der Presse wiedergefunden, was wenig erfreulich war."

Viele der befragten Staatsanwälte haben beklagt, dass infolge der Umstrukturierung der Polizeilaufbahn auf Seiten der Polizei eine personelle Kontinuität nicht mehr unbedingt gewährleistet wäre. Dies habe nicht nur Auswirkungen auf die persönliche Zusammenarbeit, sondern würde auch die Fachkompetenz der Beamten beeinträchtigen:

„Die haben eine hohe Fluktuation, früher gab es eine langfristige Zusammenarbeit, da wussten die Beamten, wie sie ein Ersuchen zu schreiben haben. Heute gebe ich schon mal Hinweise, wie so was auszusehen hat...die wechseln immer schnell, Verwendungsbreite nennt man das... Früher hatte man da einen guten Draht, heute geht das nicht mehr über die persönliche Schiene, sondern sachlich-fachlich, wegen der hohen Fluktuation bei der Polizei, das ist natürlich problematisch, wenn der Beamte sich auf diesem Bereich nach einem Jahr auskennt, geht er wieder weg."

5.2.8.2 Zuständigkeitsprobleme

Offenbar gibt es teilweise Differenzen zwischen Polizei und Staatsanwaltschaft, wer für die Pressearbeit zuständig ist. Dabei legten alle dazu befragten Staatsanwälte Wert auf die Feststellung, dass die Pressehoheit in den Händen der Staatsanwaltschaft liegt.

„Die Darstellung nach außen muss über die Pressekonferenz der Staatsanwaltschaft geschehen; das muss man geschickt machen, sonst sitzen da 5 strahlende Polizeibeamte."

Dabei wird die Darstellungsmöglichkeit nach außen seitens der Staatsanwaltschaft auch durchaus als Machtfaktor eingeschätzt:

„...die Polizei ist hier so gut, wie wir sie erscheinen lassen. Die Pressehoheit ist schließlich bei der Staatsanwaltschaft."

5.2.8.3 Selbstverständnis der Staatsanwälte

Wir haben die Staatsanwälte auch danach befragt, wie sehr das gesetzliche Leitbild von der Staatsanwaltschaft als Herrin des Ermittlungsverfahrens noch dem tatsächlichen Umgang zwischen Polizei und Staatsanwaltschaft entspricht. Dabei ließen sich im wesentlichen drei Positionen feststellen.

Die meisten Staatsanwälte – vor allem aus den OK-Abteilungen – berichteten von einem eher gleichgeordneten Verhältnis, welches mehr durch Diskussionen als durch Anweisungen des Staatsanwaltes geprägt sei. Gerade bei den im OK-Bereich üblichen Besprechungen zu Beginn des Verfahrens würden auch die unterschiedlichen Standpunkte sowohl in rechtlicher als auch in ermittlungstaktischer Hinsicht ausführlich und oft auch kontrovers diskutiert.

„Die Zusammenarbeit mit der Polizei ist gut, es hängt auch vom Verhalten des Staatsanwalts ab, ob man die Herrin des Ermittlungsverfahrens herauskehrt, oder ob man die Leute auch motiviert. Im Bereich OK gibt es viele persönliche Gespräche, auch Ermittlungsmethoden spreche ich im Hinblick auf die Hauptverhandlung mit der Polizei ab; ich muss wissen, was mir die Verteidigung da um die Ohren hauen kann....."

Vielfach wurde dieses Gleichordnungsverhältnis auch damit begründet, dass die Ausbildung von Staatsanwälten und Polizeibeamten eine andere sei, und sich insoweit auf beiden Seiten Spezialisten für das jeweils eigene Gebiet fänden:

„Die Zusammenarbeit mit der Polizei ist hervorragend, (...).
Wenn die Staatsanwaltschaft Wert darauf legt, ist sie auch Herrin des Ermittlungsverfahrens, die Tendenz ist aber eher ein freundliches Miteinander; der Begriff vom „Hilfsbeamten" wird nicht verwendet. (...)
Auf dem Gebiet der Ermittlungstaktik ist die Polizei besser, da würde ich mich auch nicht reinmischen, dafür sind wir Juristen und es ist der Sinn, dass man sich da ergänzt."

Allerdings ließ sich auch feststellen, dass die Akzeptanz der Polizeibeamten als gleichberechtigt stark davon abhängt, in welchem Kommissariat sie tätig sind. So werden die aus den entsprechenden Fachkommissariaten stammenden Polizeibeamten als Fachleute bezeichnet und ihnen zum Vergleich unerfahrene Polizeibeamte gegenübergestellt:

„Wenn die Polizei mit 15 Fahrraddiebstählen kommt und da zwei Leute zusammenwirken, hält das ein unerfahrener Polizist schon für OK; aber was das Kommissariat XX als OK einschätzt, das nehmen wir auch; das sind Fachleute."

Bedeutend weniger Staatsanwälte vertraten die Ansicht, dass der Staatsanwalt die Stellung als Herrin und Leiterin des Ermittlungsverfahrens gegenüber den ermittelnden Beamten betonen sollte:

> *„Ich kann sagen, dass die Zusammenarbeit gut bis sehr gut ist. In dem Bereich Kapital arbeiten Polizei und Staatsanwaltschaft Hand in Hand. Das Verhältnis ist aber eine Frage des Selbstverständnisses. Herrin des Ermittlungsverfahrens ist die Staatsanwaltschaft."*

> *„Ich bin Herrin des Ermittlungsverfahrens (...). In anderen Abteilungen möchte ich nicht arbeiten, da ermittelt mir die Polizei zu selbständig."*

Nur vereinzelt gab es Staatsanwälte, die sich als Vorhut für die Polizei verstehen und insoweit dem Bild des „schneidigen" Staatsanwaltes entsprachen:

> *„Ich bin da anders als andere Staatsanwälte, ich initiiere die TÜ sehr häufig, ich bin da etwas cooler drauf. Für die Polizei ist die Maßnahme mit einem erheblichem Mehr an Arbeit verbunden, insbesondere wenn auch noch Dolmetscher hinzukommen, dann entstehen auch immense Kosten. (...) Oft macht es Sinn, sofort aufzuschalten. Wenn der Richter Zeit hat, binnen zwei Stunden die Anordnung zu treffen, ist das gut, sonst ordne ich da selber an. Eher sollen die Sachen unverwertbar sein, bevor ich da ne Chance verpasse. Die andere Seite ist uns da eh immer einen Schritt voraus."*

5.2.9 Zusammenarbeit mit den Ermittlungsrichtern

Die Zusammenarbeit mit den Ermittlungsrichtern wird seitens der meisten Staatsanwälte zwar ebenfalls als gut beschrieben, allerdings wurde hier – zum Teil heftige – Kritik geäußert.

5.2.9.1 Erreichbarkeit der Richter

Das am häufigsten genannte Problem der seltenen Anwesenheit der Richter schildert einer der Staatsanwälte:

> *„Bei den Ermittlungsrichtern haben wir Probleme, die sind oft nicht da. Da besteht ausgelebte richterliche Unabhängigkeit. Da hat dann auch die Polizei Probleme mit der Justiz: Die arbeiten auch am Wochenende an einem Mordfall und stellen dann fest, dass der Richter auch in der Woche selten da ist."*

Dabei war auffallend, dass sich in diesem Punkt große Unterschiede zwischen den einzelnen Landgerichtsbezirken feststellen ließen:
Insbesondere seitens der Staatsanwälte im Landgerichtsbezirk B wurde beklagt, dass es oft schwierig sei, nach 14 bis 15 Uhr noch einen Richter zu erreichen, da die Richter es ablehnten, verbindlich während der Geschäftszeiten anwesend zu sein. Insoweit ließen sich die Angaben der Polizeibeamten in diesen Bezirken bestätigen.

In den Landgerichtsbezirken C und D haben die Staatsanwälte angegeben, dass sie einen den Anforderungen des Bundesverfassungsgerichtes entsprechenden Notdienst auch außerhalb der Geschäftszeiten wünschten. Die Reaktion der Richter beschreibt ein Richter aus D folgendermaßen:

„Die Anregung von der Staatsanwaltschaft, mal einen Eilrichter außerhalb der Dienstzeiten einzusetzen, ist auf Schwierigkeiten gestoßen. Das wollten die Richter nicht, die sagen: dafür gibt es ja das Gesetz, was dann Gefahr im Verzuge vorsieht."

Von den Staatsanwälten aus dem Landgerichtsbezirk C wurde darüber hinaus berichtet, dass die seltene Anwesenheit bei Eilfällen zum Teil durch persönliche Kontakte zu den betreffenden Richtern aufgefangen werde, da die Staatsanwälte häufig die privaten Handynummern der Ermittlungsrichter haben:

„Mit den Richtern kann es schwierig sein, manches dauert einfach lange. Sonst ist die Zusammenarbeit von dieser Abteilung mit den Richtern gut, mit Einschränkung hinsichtlich der Frage „Bereitschaft in Eilfällen". Da sind persönliche Kontakte wichtig, die werden von unserer Seite aber auch bewusst gepflegt: die Mitarbeiter aus unserer Abteilung gehen regelmäßig mit den Richtern morgens Kaffee trinken."

Vergleicht man diese Angaben mit den Ergebnissen der Aktenanalyse, so dürfte – angesichts der relativ hohen Zahl von Eilanordnungen in diesem Landgerichtsbezirk – diese Praxis allerdings eher auf Ausnahmefälle beschränkt sein und nicht den Regelfall darstellen.

Durchweg am besten bewertet wurde das Verhältnis zu den örtlichen Ermittlungsrichtern im Landgerichtsbezirk A, insbesondere wurden deren Erreichbarkeit wochentags bis etwa 19:30 Uhr sowie deren Arbeitseinsatz gewürdigt. Dazu beispielhaft zwei Staatsanwälte:

„Die Zusammenarbeit mit dem Gericht, mit den Ermittlungsrichtern ist sehr gut, das einzige Problem insoweit ist deren Überlastung."

„Die Erreichbarkeit der Richter ist grundsätzlich gut, die Vorermittlungsrichter hier sind grundsätzlich auch lange da, die sind sehr flexibel. Am Wochenende sind die auch über Handy erreichbar."

Die dort feststellbare niedrige Anzahl von Telefonüberwachungen, die wegen Eilkompetenz angeordnet wurden, dürfte – neben der Deliktsstruktur – dementsprechend auch an der langen Erreichbarkeit der Richter liegen. Ein richterlicher Notdienst „rund um die Uhr" und am Wochenende besteht jedoch auch dort nicht.

5.2.9.2 Ausübung der Prüfungskompetenz

Ein wichtiger Faktor für die Einschätzung der richterlichen Prüfungskompetenz scheint (neben ihrer ständigen Erreichbarkeit) die Frage zu sein, in welchem Umfang sie Ermittlungsakten lesen. Wie dies in einem der untersuchten Landgerichtsbezirke gehandhabt wird, beschreibt ein Staatsanwalt:

„Zur Zusammenarbeit mit den Richtern kann ich sagen: Da gibt es eine Art gentlemen's agreement. Wir schicken denen nicht den ganzen Ermittlungsvorgang, sondern nur bestimmte wichtige Akten. Dann wird entsprechend vorformuliert und es finden sich Hinweise auf die entsprechenden Blattzahlen. Einmal haben wir zum Beispiel einem Richter eine sehr umfangreiche Sache mit ganz vielen Bänden geschickt. Da hätte der Wochen gebraucht, nach zwei Tagen kam die Sache mit Beschluss zurück; das stieß natürlich übel auf, er hätte ja die Sache nur vier Wochen liegen lassen müssen, um den Schein zu wahren, dass er die Sache ordentlich geprüft hat. Beim OLG ist das anders, da legt man alles ordentlich vor, da erwartet man aber auch, dass die mal einen schlauen Gedanken beisteuern."

Dass es auch in anderen Landgerichtsbezirken durchaus üblich ist, dass der Richter die Akte nicht vollständig liest, zeigen die Darstellungen von zwei Staatsanwälten aus einem anderen Landgerichtsbezirk:

„Man kann nicht erwarten, dass ein Richter die Sachen von Anfang bis zum Ende durchliest und alles genau prüft. Das wäre unmöglich, dann könnte er die GS-Sachen gar nicht bewältigen, da geht es um eine summarische Prüfung. Es ist eine erweiterte Schlüssigkeitsprüfung, ich würde

mal sagen: Ich weise auf ca. 10 Prozent des Akteninhalts hin, und ich gehe davon aus, dass auch nur das gelesen wird."

„Wenn ich einen Antrag stelle, ruft schon mal nachher ein Richter an und fragt, wo das in der Akte steht; dann sag ich ihm die Seite und dann unterschreibt er den Antrag oder eben nicht, wenn man nicht so gut mit dem kann..."

Mehrere Staatsanwälte haben sich dazu geäußert, welche Vorgehensweise die Chancen auf den schnellen Erhalt eines Beschlusses vergrößere. Dabei bestätigte sich im wesentlichen das aus der Aktenanalyse erhaltene Ergebnis, dass das Hinzufügen eines Beschlussentwurfes die Prüfung der rechtlichen Voraussetzungen minimiert:

„Wenn wir einen TÜ-Beschluss brauchen, bereite ich alles sorgfältig vor, manchmal auch mit einem Beschlussentwurf, das ist den Richtern am liebsten. Dann kriegt man ja jeden Beschluss."

Eine andere Strategie beschreibt ein Staatsanwalt aus einem anderen Landgerichtsbezirk, allerdings zu Durchsuchungsanträgen:

„Mir hat noch nie ein Richter einen Durchsuchungsantrag abgelehnt, das läuft bei mir wie folgt ab: Ich begründe den Antrag sehr ausführlich, ich weise dabei auch auf die entscheidenden Sachen hin, z.B. „dazu auf Blatt...der Akte", oder ich bereite einen Beschlussentwurf komplett vor. Dann lasse ich den Richter auch so nicht damit allein, das wäre manchmal auch zu heftig, ich gehe da selber zum Richter hin und erkläre das. Dann lasse ich den Richter damit allein, damit der das überlegen kann, ich hole die Sachen auch persönlich wieder bei ihm ab.
Es ist natürlich auch so, dass es manchem im persönlichen Gespräch schwerer fällt, da was abzulehnen, das ist schriftlich sicher leichter. Aber das erwarte ich von einem Richter schon, dass er damit umgehen kann. Es kommt auch mal vor, dass ein Richter nachfragt, weil er etwas nicht versteht, aber eher selten."

5.2.9.3 Selektive Informationsweitergabe

Die Staatsanwälte wurden auch danach befragt, ob bestimmte Informationen mit ihrem Wissen bewusst nicht in die Akte vermerkt würden. Ganz überwiegend gaben die Staatsanwälte an, ein solches Vorgehen käme bei ihnen nicht vor. Die insoweit typische Begründung findet sich in einem Ausspruch eines Staatsanwaltes wieder:

"Wenn man versucht, Informationen zurückzuhalten, ist das gefährlich, das kommt immer irgendwie raus."

Nur einige der Staatsanwälte gaben zu, dass dies wohl vorkäme, allerdings nicht in ihrem Bereich:

"Natürlich muss man, was Ermittlungstaktik angeht, auch gelegentlich tricksen, aber in unserem Bereich ist das wegen der Konfliktverteidigung ein viel zu großes Risiko."

Keiner der befragten Staatsanwälte hat allerdings das Zurückhalten von Informationen mit der Begründung abgelehnt, dadurch würden die Rechte der Verteidigung eingeschränkt.

Es ließ sich feststellen, dass das Verhältnis zwischen Richtern und Staatsanwälten insgesamt als problematischer beschrieben wird als zu Polizeibeamten. Dies scheint allerdings weniger an fachlichen oder persönlichen Differenzen zu liegen, als vielmehr an der Frage der Arbeitszeiten der Richter. Interessanterweise wurde das Verhältnis in der Staatsanwaltschaft in dem Landgerichtsbezirk als am besten beschrieben, in dem die Richter verhältnismäßig lang zu erreichen sind.

5.3 Interviewergebnisse der Ermittlungsrichter

5.3.1 Ablauf der Telefonüberwachung

Auch die von uns befragten Ermittlungsrichter gaben an, dass die Anregung einer Telefonüberwachung im Regelfall von der Polizei ausgeht:

"Die Anregungen für eine Telefonüberwachung kommen ja in der Regel von der Polizei. Mag sein, dass die Staatsanwaltschaft Herrin des Verfahrens ist, die Initiative kommt von der Polizei. Die Anregung wird dann von der Staatsanwaltschaft aufgenommen und in einen Antrag umgemünzt. Die Polizei kommt dann mit dem Antrag der Staatsanwaltschaft bei uns vorbei."

Nicht selten kommt es auch vor, dass die Staatsanwälte die Akte mit vorformuliertem Beschluss beim Ermittlungsrichter vorbeibringen. Insoweit bestätigten die Ermittlungsrichter die Angaben der Staatsanwälte zu ihrer praktischen Vorgehensweise, allerdings ohne die ihr von den Staatsanwälten zugeschriebene „Überzeugungswirkung" anzuerkennen. Typisch ist insoweit der folgende Interviewausschnitt:

„Wie das abläuft, ist unterschiedlich, je nach Abteilung. Mit der OK haben wir eine enge Zusammenarbeit, die kommen dann auch persönlich mit der Akte rüber. Meistens kennt man die Akte ja auch schon, wir machen hier ja auch nichts ohne Akte. Bei der OK ist das ja üblich, dass die Beschlüsse schon vorformuliert werden, das heißt aber nicht, dass wir das nicht abändern."

5.3.2 Häufigkeit

Befragt zur Häufigkeit der von ihnen erlassenen Telefonüberwachungsbeschlüssen konnten oder wollten die Richter keine genauen Schätzungen abgeben. Die Häufigkeit von Telefonüberwachungen bei bestimmten Verfahren beschreibt einer der Richter wie folgt:

„Das kann man so nicht sagen, es gibt Verfahren, da gibt es ganz viele TÜ. Da ist man die Akte gerade los, da hat man sie schon wieder auf dem Tisch."

5.3.3 Ablehnung

Übereinstimmend berichteten Polizeibeamte, Staatsanwälte und Richter, dass Ablehnungen von Telefonüberwachungen nur sehr selten vorkommen. Dabei ließen sich drei Argumentationslinien feststellen: Die meisten Richter gaben an, dass seitens der Staatsanwaltschaft nur selten unzureichende Anträge gestellt würden, diese auch häufig besser begründet seien als beispielsweise Durchsuchungsanträge. Insoweit typisch sind die folgenden Interviewauszüge:

„Wir haben früher wenig abgelehnt, das ist auch heute noch so, weil die Staatsanwaltschaft mit dem Instrument der TÜ sehr bewusst umgeht. Wenn wir einen Antrag ablehnen, so kommt das meistens daher, dass kein dringender Tatverdacht[21] vorliegt. Was es nicht gibt, ist, dass Anträge ge-

---

[21] Ein dringender Tatverdacht ist für die Anordnung einer Telefonüberwachung nicht notwendig, es genügt ein „auf Tatsachen" beruhender Verdacht.

stellt werden, wenn keine Katalogtat vorliegt. Wenn der Tatverdacht nicht ausreicht, würde ich vor einer Ablehnung erst einmal fragen: Habt ihr noch etwas in der Hinterhand."

„Eine Ablehnung eines Beschlusses ist selten, man muss ja auch sagen, das sind ja auch auf Seiten der Staatsanwaltschaft erfahrene Leute. Wenn wir ablehnen, dann meist wegen nicht hinreichendem Tatverdacht oder der Antrag war nicht zulässig, d.h. es stellt sich das Problem der Verwertbarkeit von TÜ-Erkenntnissen aus anderen Verfahren."

Einen weiteren Grund für die geringe Ablehnungsquote in den Akten schilderte einer der Richter:

„Wenn ich eine TÜ ablehne, so kann das auch sein, dass das am Telefon geschieht. Oftmals ruft ja die Polizei direkt bei uns an und fragt nach den Erfolgsaussichten für eine TÜ-Anregung, damit sie absehen können, ob sich der Aufwand einer TÜ-Anregung auch lohnt. Wenn die dann gestellt wird, wird sie meist positiv beschieden."

Allerdings suchten nicht alle Richter die Gründe für die geringe Ablehnungsquote in den organisatorischen Gegebenheiten, vielmehr gab einer der Richter folgendes zu bedenken:

„Ich habe mir einiges von der Seele zu reden. Es ist natürlich so, einen Beschluss zu erlassen ist einfacher als einen abzulehnen. Das Erlassen des Beschlusses kostet mich maximal eine viertel Stunde, wenn ich das ablehne, sitze ich da eine Stunde dran. Da muss man den inneren Schweinehund erst mal überwinden und das wird von den Staatsanwälten ausgenutzt."

Es stellt sich insoweit jedoch die Frage, ob man nicht von dem gesetzlich dafür vorgesehenen Kontrollorgan erwarten muss, dass es sich bei einem nicht unerheblichen Grundrechtseingriff mehr Zeit nimmt, um seiner Kontrollfunktion gerecht zu werden.

5.3.4 Eilanordnung:

Hinsichtlich der Frage der Eilanordnung ergaben sich aus den Gesprächen mit den Ermittlungsrichtern wenig neue Einblicke. Sie bestätigten im wesentlichen die Ergebnisse der Aktenanalyse, wonach Eilanordnungen relativ selten vorkommen und deren Bestätigung so gut wie nie abgelehnt werde. Auffallend ist allerdings, dass teilweise bei bereits beendeten Telefonüberwachungen, die wegen Gefahr im Verzug angeordnet worden waren, noch um Bestätigung nachgesucht wird. Warum dies so praktiziert wird, schildert einer der Richter:

"Es wird auch bei bereits abgeschalteten TÜ sicherheitshalber richterlich bestätigt. Man muss keine Probleme für das spätere Verfahren schaffen, die man vorher leicht ausräumen kann."

5.3.5 Erfolg

Auch die Richter wurden gebeten, eine Erfolgseinschätzung abzugeben. Dabei kristallisierten sich im wesentlichen zwei Positionen heraus: Während die einen eine Erfolgseinschätzung rundheraus ablehnten, bezeichneten die anderen die Telefonüberwachung als „gute" Ermittlungsmethode oder machten den Erfolg von der „Dummheit" der Täter abhängig. Von denen, die eine prozentuale Schätzung vornahmen, wurde dabei folgendes zu bedenken gegeben:

„Ich würde schätzen, in 90-95 % der Fälle sind die TÜ erfolgreich, wobei da zu differenzieren ist: In letzter Zeit wird viel im Btm-Bereich überwacht, da haben wir dann Handywechsel bis zu achtmal. Wenn man es streng sieht, dann führt evtl. nur die letzte zum Erfolg. Da letzten Endes der Zugriff nur aufgrund aller 8 insgesamt erfolgte, werte ich alle acht als Erfolg."

Die Vertreter der anderen Position gaben an, dass die Erfolgsquote bei ihrer Arbeit keine Rolle spielen dürfe und sie deshalb an dem späteren Ergebnis auch nicht interessiert seien:

„Es ist nicht mein Job, nachher zu sehen, ob die TÜ auch erfolgreich war, das dürfte mich auch gar nicht beeinträchtigen... Den Erfolg kann ich unmöglich schätzen, ich sehe so eine Akte ja nie wieder."

5.3.6 Zusammenarbeit mit der Staatsanwaltschaft

Die Zusammenarbeit mit der Staatsanwaltschaft wird von den Richtern als grundsätzlich gut bezeichnet, im Vergleich zu den befragten Staatsanwälten wurde aber seltener Kritik geäußert. Dies mag daran liegen, dass sich die Richter in der letztlich entscheidenden Position sehen. Einer der befragten Richter schildert dies so:

"Die Zusammenarbeit mit der Staatsanwaltschaft ist gut bis hervorragend, manchmal gibt es sachliche Differenzen, aber das endet dann immer mit einer Einigung, das ist eben wie in einer guten Ehe, mal gibt er nach, mal ist sie die Stärkere. Ich habe immer das allerletzte Wort, der Angeklagte das letzte, ich das allerletzte. Wenn ich signalisiere, ich mach das nicht, dann ziehen die Staatsanwälte auch von dannen."

Verschiedentlich haben die Richter den durchaus unterschiedlichen Arbeitseinsatz einzelner Staatsanwälte angesprochen. Auch hier ließ sich feststellen, dass die Anerkennung des anderen im wesentlichen von dessen Arbeitseinsatz abhängt:

"Insgesamt haben wir mit der Staatsanwaltschaft keine Streitpunkte: Man kennt ja seine Pappenheimer, man kennt deren Einsatz und deren Fleiß."

Allgemein lehnten die Ermittlungsrichter es ab, Anträge telefonisch ohne Vorlage der Akte zu bearbeiten. Einprägsam formulierte einer der Richter wie folgt:

"Auf telefonischen Zuruf reagieren wir nicht. Seit dem Urteil des Bundesverfassungsgerichtes bekommen wir ja etwas häufiger Anrufe, das hat dann teilweise abstruse Auswirkungen, z.B. wird dann von der Polizei eine telefonische Anordnung gefordert, auch seitens der Staatsanwaltschaft kommen mehr Anrufe in der Art, können wir mal kurz einen Beschluss haben, aber dass machen wir nicht, wir sind ja keine 0190-Nummer, wir betreiben ja keine Unfallchirurgie für Grundrechte."

Die Äußerung zeigt, dass die Ermittlungsrichter befürchten, bei telefonischer Antragstellung nur noch von der Sachverhaltsdarstellung der Polizei oder der Staatsanwaltschaft abhängig zu sein, so dass richterliche Kontrolltätigkeit nur noch rudimentär stattfinden kann.

In diesem Zusammenhang wurde von uns auch das Problem der selektiven Informationsweitergabe angesprochen. Auch hier ließen sich zwei Positionen feststellen: Einige Richter haben offenbar die Erfahrung gemacht, dass manche Sachverhalte in der Akte nur unvollständig dokumentiert würden. Die Gründe schildert einer der befragten Richter folgendermaßen:

"Das ist zum Teil aus Zeitgründen so, dass die nicht alles in die Akte schreiben, teilweise sind da auch vorher verdeckte Maßnahmen gelaufen. Wenn da zum Beispiel bei einer Verkehrskontrolle wegen eines defekten Bremslichtes die Leute mit hundert Sachen durch die Stadt flüchten, dann

wird nachgeliefert, dass die Kontrolle aufgrund einer vor-ausgehenden Observation und also nicht zufällig war. In der Regel bekommen wir aber vollständige Akten; manchmal bekommt auch die Staatsanwaltschaft nicht alle Informationen. Es kann auch sein, dass die Sache sehr eilig ist, dies ist insbesondere bei Verbindungsdaten der Fall, weil die nach drei Tagen gelöscht werden, da bekommen wir oft nur einen Abriss des Sachverhaltes(...) Mit der Polizei ist das ähnlich. Die halten mir üblicherweise auch keine Informationen vor, die wissen, dass ich dann ganz zickig werde. Wenn es Probleme gibt, dann löse ich die Mann zu Mann, nicht über den Dienstvorgesetzten."

Andere Ermittlungsrichter gaben demgegenüber an, dass sie eine bewusst selektive Weitergabe von Informationen in der Akte noch nicht bemerkt hätten und auch nicht für wahrscheinlich hielten:

„Dass Blätter nachgeheftet werden, habe ich noch nie gesehen, aber das sind Menschen wie alle anderen auch, mag sein, dass da einer mal was weg lässt. Ich glaube aber, dass die nicht darauf aus sind, rechtswidrige Maßnahmen durchzuführen; das sind Beamte, Staatsdiener, die ihren Job machen, da hat keiner Lust, was für so einen Fall zu riskieren."

Ein Ermittlungsrichter wies darauf hin, dass es durchaus auch Staatsanwälte gebe, die Ablehnungen persönlich nähmen und so ein anderes Rollenverständnis hätten als gesetzlich vorgesehen:

„Ich würde die Zusammenarbeit als gut bezeichnen, manchmal habe ich allerdings den Eindruck, dass manche Staatsanwälte die Rolle eines Ermittlungsrichters als Kontrollorgan noch nicht so ganz verinnerlicht haben; die entwickeln dann einen sportlichen Ehrgeiz."

Die Richter wurden auch danach befragt, wie sich ihre Tätigkeit als Ermittlungsrichter gestaltet. Dass nicht jeder Richter für eine entsprechende Tätigkeit geeignet ist, beschrieb einer der Richter folgendermaßen:

„Man wird da gefragt, ob man das machen will, das ist ja nicht der angenehmste Job. Zum einen ist das etwas stressiger, da muss man schneller entscheiden als sonst als Richter. Außerdem, wenn man da oben im Polizeigewahrsam sitzt, oft auch ohne Polizei, das ist dann teilweise ganz schön eng und auch ein bisschen schmutzig, also wenn sie den Beschuldigten da nach seinen Krankheiten fragen, können sie auch meistens alles ankreuzen, was da aufgeführt ist, also Hepatitis A-C und ähnliches. Au-

ßerdem müssen sie da auch oft in die Zelle der Beschuldigten und die ist dann manchmal auch voll geschissen, das ist ja auch nicht jedermanns Sache. Und zum dritten ist die Arbeit als Ermittlungsrichter ja auch von der Sache her sehr belastend, man greift da in das Leben der Leute schon sehr ein."

6 Tagung

Zum Abschluss des Forschungsprojektes wurde am 3. September 2002 in Bielefeld eine Tagung mit Praktikern aus den Reihen von Polizei, Staatsanwaltschaft und Richterschaft[22] durchgeführt, die aus den LG-Bezirken A-D kamen und sich auch schon überwiegend für Einzelinterviews zur Verfügung gestellt hatten.

Nachdem zunächst die Ergebnisse der Aktenanalyse von uns vorgestellt worden waren, haben wir diese mit den Anwesenden – teilweise kontrovers – diskutiert. Zu Beginn der Diskussion wurden zunächst Fragen der Gestaltung der Beschlüsse, des Umfangs der richterlichen Prüfungskompetenz sowie der mündlichen Kommunikation zwischen den am Ermittlungsverfahren beteiligten Instanzen erörtert.

Es ließen sich insoweit die Ergebnisse der Interviews teilweise bestätigen, darüber hinaus jedoch noch weitere Erkenntnisse gewinnen.

Ohne die Ergebnisse der Aktenanalyse in Zweifel zu ziehen, erklärten die Ermittlungsrichter zu den nicht selten *unzureichend begründeten Beschlüssen,* dass daraus nicht unbedingt auf eine mangelhafte Prüfungsleistung der Richter zu schließen sei:

„Es ist so, dass bei uns ja der ganze Unterbau abgebaut wird, d.h. uns fehlen Kanzleikräfte, dementsprechend dauern die Beschlüsse. Im übrigen entspricht das Begründungsdefizit nicht dem Prüfungsdefizit, ich prüfe immer mehr als ich in den Beschluss hineinschreibe."

Zudem gaben die Richter zu bedenken, dass die Beschlussbegründungen teilweise durchaus absichtlich eher knapp gehalten würden, um so nicht den Providern einen zu großen Einblick in das Ermittlungsverfahren zu gewähren:

---

[22] 5 Richter, 5 Staatsanwälte, 7 Polizeibeamte

„Die Telefonüberwachung ist ja eine geheime Maßnahme. Ich werde den Teufel tun, da Details in den Beschluss rein zu schreiben. Die Provider sind ja private Unternehmen, die unterliegen ja keinem solchen Geheimhaltungsgebot wie wir."

„Bei der Beschlussbegründung lasse ich mich von zwei Gedanken leiten: Der Provider muss nicht mehr wissen als notwendig. Und zweitens: Trägt der Akteninhalt den Beschluss vor dem Beschwerdegericht? Und bisher ist bei mir noch kein Beschluss vom Beschwerdegericht aufgehoben worden."

Seitens der Staatsanwälte wurde auch angemerkt, dass an kleineren, eher ländlich geprägten Amtsgerichten oftmals Richter beschäftigt wären, die nur selten mit dem Erlass von Telefonüberwachungsbeschlüssen befasst seien und dementsprechend geringe Kenntnis von den gesetzlichen Voraussetzungen hätten:

„Es ist allerdings ein Witz, wenn ich auf dem Land zu einem Familienrichter komme, der nebenher Gs-Sachen macht, der weiß gar nicht, wie er so einen Beschluss schreiben soll."

Einige Richter begründeten die oftmals kurz gehaltenen Beschlussbegründungen auch mit einer hohen Arbeitsbelastung. Dieses Argument wurde vorwiegend von Richtern angeführt, denen Staatsanwälte und Polizeibeamte in den Einzelinterviews auch eine hohe Arbeitsbelastung sowie überdurchschnittliches Engagement attestiert hatten:

„Insgesamt muss man natürlich sagen, dass wir als Ermittlungsrichter zu hoch belastet sind, da fehlt es einfach auch an Personal."

Ganz anders zum Arbeitseinsatz der Ermittlungsrichter äußerte sich ein Polizeibeamter aus einem anderen Bezirk:

„Dass die Richter aus unserem Bezirk nicht hier [auf der Tagung] sind und auch kein Interview gegeben haben, spricht Bände für ihre Arbeitsauffassung; das ist ganz symptomatisch."

Als weiterer Grund für die unzureichende Begründung der Beschlüsse wurde von Staatsanwälten der Einsatz von Vertrauenspersonen genannt:

> *„Im übrigen steht am Anfang eines OK-Verfahrens ja die Aussage einer VP. Das sind dann oft sehr dürre Angaben, die auch dürr gehalten werden müssen, um die VP nicht zu gefährden."*

> *„Es ist bei der TÜ, die durch eine VP initiiert wird, schwierig, für den Richter zu beurteilen, ob der Handel mit Btm in nicht geringer Menge nur eine kriminalistische Vermutung ist."*

Im Rahmen der Aktenanalyse hatte sich gezeigt, dass viele der richterlichen Beschlüsse keine oder nur formelhafte Ausführungen zur Frage der Subsidiarität enthalten. Auf die Frage, inwieweit die gesetzliche Regelung überhaupt sinnvoll sei, die eine richterliche Einschätzung der Subsidiarität verlange, erklärte ein Richter:

> *„Ich würde den Teufel tun, die übrigen Ermittlungsmaßnahmen in den Beschluss hineinzuschreiben, weil ja sonst andere Maßnahmen auch offengelegt werden. Der Richter weiß in solchen Verfahren schon, was ermittlungstaktisch notwendig und möglich wäre."*

In diesem Zusammenhang wurde auch diskutiert, ob und wann es überhaupt ermittlungstaktisch geeignete Alternativen zur Telefonüberwachung gibt. Dazu die Einschätzung eines Staatsanwaltes:

> *„In den OK-Verfahren geht es gar nicht ohne TÜ, man bekommt nur auf dem Wege raus, wer mit wem Kontakt hat und wie groß der Täterkreis ist. Die Observation ist dazu keine wirkliche Alternative, sie ist eher als begleitende Maßnahme sinnvoll."*

Es wurde auch erörtert, in welchem Umfang der Richter sich die vollständige Akte vor Erlass des Beschlusses vorlegen lässt. Die Ergebnisse der Einzelinterviews wurden insoweit bestätigt. Offenbar findet im Landgerichtsbezirk A grundsätzlich eine Vorlage der kompletten Akte statt, während dies in anderen Landgerichtsbezirken häufiger nicht der Fall ist. Dazu zunächst ein Richter:

> *„Wir bekommen die Akte vorgelegt, man versucht sich durch die Akte zu hangeln;, man hat ja einen so schrägen Lesestil entwickelt, der ist ja so katastrophal, dass ich mittlerweile einen Roman gar nicht mehr anders le-*

sen kann. Nur bei alten Akten, die man schon kennt, liest man die Akte nicht mehr ganz durch, sondern schaut nur noch, was hat sich Neues ergeben."

Ein Staatsanwalt ergänzte:

„Teilweise wollen die Richter die Akte gar nicht vollständig vorliegen haben, das ist dann oft nur eine Notartätigkeit, die fragen oft nur noch, wo soll ich unterschreiben."

Angesprochen wurde auch die Frage der *mündlichen Einholung von* weiteren, nicht in der Akte vermerkten *Informationen.* Dass solche mündliche Kommunikation stattfindet, wurde allgemein bejaht. Ein Staatsanwalt:

„Gespräche gibt es natürlich, das kann sinnvolle Arbeitsersparnis sein und jede Entscheidung heißt, es waren ausreichende Informationen da. Je tiefer der Eingriff, desto stärker ist die Kommunikation."

Allerdings wurde von Richtern auch häufig darauf hingewiesen, dass solche „Zusatzerkenntnisse" zwar eingeholt werden müssten, diese aber interessanterweise nicht Grundlage der richterlichen Entscheidung würden:

„Wenn mir die Informationen nicht reichen, hole ich noch schnell eine mündliche Information ein, aber Grundlage wird das, was mir schriftlich vorgelegt wird."

„Das mit den Zusatzinformationen ist brisant, das mache ich jedenfalls nicht zur Grundlage meiner Entscheidung."

Andere Richter gaben an, mündlich eingeholte Informationen in der Akte zu dokumentieren:

„Allerdings ist die Zurückhaltung von Spezialwissen eine gefährliche Kiste. Ich schreibe dann immer einen Vermerk."

Einer der Staatsanwälte gab hingegen an, dass mündliche Informationen vielfach dazu eingesetzt würden, um einen Antrag zu unterfüttern:

„Vielfach findet ja schon eine Kommunikation im Vorfeld des Antrages statt, allerdings kann die Kommunikation den Akteninhalt nicht ersetzen,

> *es kann allerdings den Richter motivieren und den Hintergrund erklären."*

Insgesamt wurde der mündliche Austausch von Informationen von allen Diskussionsteilnehmern als bedeutsam eingestuft. Ein Richter wies darauf hin, dass man dazu auch hierarchisches Denken überwinden müsse:

> *"Mündliche Kommunikation ist das wichtigste. Es besteht ein enger Kontakt, da darf man kein hierarchisches Denken haben. Das ist allerdings keine Garantie, dass keine Fehler passieren, ich verstehe meine Arbeit als Richter aber auch so, dass ich nur die Schlüssigkeit des staatsanwaltschaftlichen Antrages überprüfe. Wir sollen ja keine Untersuchungsrichter sein."*

Ein ähnliches Selbstverständnis der Richter zeigte sich in der Gruppendiskussion häufiger:

> *"Wenn da eine Anregung von der Polizei ist und der Staatsanwalt das sorgfältig prüft, dann muss ich nicht davon ausgehen, dass ich klüger bin als die Vorprüfer. Wenn ich allerdings was zu mäkeln habe, dann mäkle ich auch...Ich würde uns eher als Gestattungsrichter verstehen."*

Demgegenüber zeigten sich im *Selbstverständnis der Staatsanwälte* größere Unterschiede: Während sich ein Staatsanwalt tendenziell eher als Ermittlungsbehörde begriff, sahen sich andere als durch und durch neutrale Prüfungsinstanz, die sich nur ungern richterlicher Kontrolle unterwirft.

> *"Wenn das dem Richter zu wenig ist, dann soll er ablehnen, ich bin Staatsanwalt und will was. Hier besteht eine klare Rollenaufteilung."*

Demgegenüber die Mehrheit der Staatsanwälte:

> *"Wir sind die objektivste Behörde der Welt. Wir sind keine ‚Partei'".*

> *"Wir sind es gewohnt als Staatsanwälte (ebenso wie die Polizei), derart sorgfältig zu arbeiten, dass Richter da nichts Neues mehr beisteuern können."*

„Wir brauchen keinen Richtervorbehalt, weil wir uns selbst kontrollieren."

„Die Tatsache, dass unseren Anträgen stattgegeben wird, belegt doch deutlich, dass sie qualitativ in Ordnung sind. Der Richtervorbehalt ist so gesehen überflüssig. Er ist vielleicht nicht ganz sinnlos, aber eigentlich ein Leerlauf; nur mehr Bürokratisierung."

Eine vermittelnde Position nahm ein anderer Staatsanwalt ein, der die Tätigkeit des Ermittlungsrichters als eine Art Willkürkontrolle ansah:

„Im Grunde überprüft der Richter doch nur, ob wir da einem Verfolgungswahn unterliegen. Allerdings hat der Richtervorbehalt insoweit einen Sinn, weil so die Qualität der Dokumentation besser wird."

Mit den Beteiligten wurde auch erörtert, ob mehr Telefonüberwachungsmaßnahmen durchgeführt würden, wenn der Richtervorbehalt nicht existierte. Allgemein herrschte die Ansicht vor, dass dies nicht der Fall sei. Typisch ist insoweit die folgende Aussage von zwei Polizeibeamten:

„Wir sind als Polizei bei einer Telefonüberwachung einer großen Anzahl an Restriktionen unterworfen, primär Geld oder Personal oder das Fehlen einer entsprechenden Hardware. Insoweit haben wir auch eine finanzielle Subsidiarität. Der Richtervorbehalt läuft angesichts dieser Selektionskriterien oft ins Leere. Es gibt ja auch eine gewisse Kontrolle in der Hauptverhandlung, die TÜ ist ja auch revisibel."

„Kosten und Personal werden immer entscheidend sein, da Polizei und Staatsanwaltschaft sich sorgfältig überlegen, ob der Einsatz gerechtfertigt ist. Was hab ich als Polizeibeamter von einer TÜ, die nichts bringt?"

Kritisiert wurde von allen Teilnehmern der Diskussion das *Verhalten der Provider*. Wie schon die Ergebnisse der Aktenanalyse gezeigt hatten, weigern sich Provider relativ häufig unter Verweis auf die Unvollständigkeit der richterlichen Beschlüsse eine Telefonüberwachung aufzuschalten. In dem Zusammenhang wurde von einem Richter und einem Staatsanwalt vermutet, dass insoweit eher finanzielle Interessen der Provider bedeutsam seien:

> *„Den Providern wurde ja teilweise ein eigenes Beschwerderecht eingeräumt, weil die ja angeblich betroffen sind von der TÜ. Die überprüfen manchmal sogar unsere Begründungen. Das geht so nicht. Wenn das ein Richter unterschrieben hat, dann müssen die den Beschluss auch ausführen. Es ist ja auch nicht so, dass der Schließer den Haftbefehl überprüft. Dass die Provider immer wieder Beschwerde einlegen, liegt daran, dass es ja auch immer eine gute Reklame für die Provider ist, wenn sie sich möglichst renitent aufführen. Das spricht sich in bestimmten Kreisen schnell rum. Da spielen dann eben auch finanzielle Interessen eine Rolle."*

> *„Die Provider schalten die TÜ bei der Eilanordnung nicht, wenn ich die Gefahr im Verzug nicht dokumentiere."*

Die im Rahmen der Aktenanalyse festgestellte seltene Inanspruchnahme von Eilkompetenzen wurde von einem Staatsanwalt bestätigt:

> *„Im OK-Bereich haben wir selten Eilentscheidungen, schließlich haben wir häufig mit der sogenannten Konfliktverteidigung zu tun. Eilentscheidungen sind da grundsätzlich angreifbarer, deswegen versuchen wir das zu vermeiden. In den letzten Jahren sind die Anforderungen für Gefahr im Verzug ja doch angehoben worden."*

Heftig diskutiert wurde auch die Frage der Benachrichtigung: bei der Aktenanalyse war festgestellt worden, dass die Staatsanwälte die Betroffenen – entgegen der gesetzlichen Regelung – nur selten benachrichtigen. Dass dies vorkomme, wurde nahezu einhellig eingeräumt, allerdings gab es unterschiedliche Auffassungen zu den Gründen, wie die folgende Diskussion zeigt:

> *„Es kann sein, dass die Benachrichtigung unterbleibt, wenn die Sache zwar eingestellt wird, aber man weiß, da ist was dran und es könnte noch was draus werden." (Staatsanwalt)*

> *„Man muss sagen, das ist ganz am Ende des Verfahrens, wir haben so viel zu tun, das wird schlicht manchmal vergessen." (Staatsanwalt)*

„*Das ist doch einfach Schlamperei, das kann man doch so nicht begründen.*" *(Polizeibeamter)*

„*Ich habe ja auch noch kein Verfahren erlebt, wo eine TÜ geschaltet wurde und sich dann die Unschuld des Verdächtigen erwiesen hätte, wir überwachen schon die richtigen Täter, da bleiben dann oft ganz erhebliche Verdachtsmomente, auch wenn eingestellt wird.*
Wenn gewisse Verdachtsmomente bleiben, so benachrichtige ich nicht, das ist wohl rechtens, das kann man rechtlich schon mit Ach und Krach begründen." *(Staatsanwalt)*

Befragt danach, ob die Benachrichtigungspflicht überhaupt Sinn mache, erklärte ein Polizeibeamter:

„*So ein Gesetz ist ja immer ein Kompromiss zwischen den verschiedenen Gruppierungen und die Benachrichtigung ist eben der Preis, den man an den Datenschutz zahlt; für uns wäre es natürlich schon wünschenswert, wenn es diese Pflicht nicht gäbe.*"

Kritisch wurde von Polizeibeamten angemerkt, dass man weder aus einer Einstellung noch aus der *Höhe der ausgeworfenen Strafe* schließen könne, dass die Telefonüberwachung gegen Unverdächtige oder Kleinkriminelle durchgeführt worden sei:

„*Der Schluss von Strafmaß bzw. Einstellung auf die Hochkarätigkeit der Täter ist so nicht nachvollziehbar, da gibt es hochkarätige Rauschgifttäter, die äußern sich so vorsichtig, da kann man ein Jahr eine Telefonüberwachung durchführen, die sagen nichts von Betäubungsmitteln, da gibt es eine Fülle von Vertarnungsmaßnahmen, da kann es sein, dass ein Verfahren nach einem Jahr im Nichts endet.*"

„*Die Dummen bekommen wir eher.*"

Einer der Polizeibeamten merkte an, dass der Umfang der Grundrechtseingriffe nicht allein an der Anzahl der abgehörten Anschlüsse zu messen sei; man müsse man vielmehr die Frage stellen, wie groß der Anteil der unbeteiligten Mitbetroffenen sei:

„Ich würde heute die Schwere des Grundrechtseingriffs als geringer einstufen. Früher, als wir überwiegend die Festnetzanschlüsse abgehört haben, da war auch häufig die Intimsphäre von Unbeteiligten betroffen, insbesondere der Familie des Tatverdächtigen. Das ist heute anders, da hat jeder Tatverdächtige sein Handy und redet auch zu 90 Prozent über Straftaten. Im Rauschgiftbereich, da kann man heute genau zielen und wir können uns auf die wichtigen Telefone konzentrieren. Wir können es uns gar nicht leisten, noch andere Telefone abzuhören."

Im Rahmen der Tagung wurden den Teilnehmern *rechtspolitische Vorschläge* vorgestellt und mit ihnen erörtert. Angesprochen wurde beispielsweise die Möglichkeit der Erfolgskontrolle, d.h. dem Richter würde in regelmäßigen Abständen mitgeteilt, welches Ergebnis die von ihm angeordnete Maßnahme gezeigt hat. Dieser Vorschlag stieß allgemein auf wenig Zustimmung. Dazu zwei Richter:

„Eine Strichliste kann nichts bringen, ich muss jedes Verfahren neu und unabhängig prüfen, ich dürfte mich da gar nicht beeinflussen lassen, wenn ich wüsste, wie die anderen Sachen ausgegangen sind."

„Eine Erfolgskontrolle habe ich ja oft bereits, wenn die Leute mir wegen eines Haftbefehls vorgeführt werden."

Auf mehr Zustimmung stieß der Vorschlag, die Zuständigkeiten soweit zu modifizieren, dass eine Konzentration der ermittlungsrichterlichen Aufgaben an einem Amtsgericht im Landgerichtsbezirk stattfindet. Dazu ein Richter:

„Man sollte die Strafprozessordnung ändern. Für die Beschlüsse im Ermittlungsverfahren sollten ausschließlich die Ermittlungsrichter am Amtsgericht zuständig sein, an dem die Staatsanwaltschaft ihren Sitz hat."

Insbesondere die Staatsanwälte und Polizeibeamten befürworteten einen Wochenenddienst für Strafrichter:

„Wenn ich auf die Gehaltsstufe der Richter sehe, dann haben die genau wie ich R1. Da können die auch Wochenenddienst machen. Wir haben ja auch oft den Eildienst und sind dann ständig über Handy zu erreichen. Den Eildienst sollten die Strafrichter machen, damit nicht auf einmal ein Familienrichter mit einer TÜ befasst wird."

7 Zusammenfassung der Ergebnisse

Durch die Einschaltung des Ermittlungsrichters will der Gesetzgeber erreichen, dass dieser als neutrale Instanz die Belange der von der Maßnahme betroffenen Personen eigenständig prüft und dass der durch die Maßnahme erfolgende Grundrechtseingriff „messbar und kontrollierbar" bleibt.

Nach dem Willen des Gesetzgebers soll der Ermittlungsrichter eigenständig prüfen, ob er dem Antrag der Staatsanwaltschaft auf Anordnung einer Telefonüberwachung stattgeben kann und dies in seinem Beschluss dokumentieren.

Unsere Untersuchung hat ergeben, dass die Richter diese Kontroll- und Dokumentationspflichten nur unzureichend erfüllen.

Gemessen an den gesetzlichen Kriterien war nur knapp ein Viertel der richterlichen Beschlüsse vollständig, in zwei Dritteln der Fälle wurden nur zu einem oder zwei Merkmalen Ausführungen gemacht, und fast zehn Prozent der Beschlüsse enthielten nicht ein einziges der geforderte Kriterien (Graphik 25).

Diese nicht gerade sorgfältige Bearbeitung wird noch problematischer, wenn man die *richterlichen Beschlüsse in einen Zusammenhang stellt mit den staatsanwaltschaftlichen Anträgen* auf Anordnung einer Telefonüberwachung.

In den 307 in die Untersuchung einbezogenen Fällen wurde überhaupt nur in einem einzigen Fall ein Antrag der Staatsanwaltschaft auf Anordnung einer Telefonüberwachung von einem Richter abgelehnt.
In allen anderen 306 Fällen, in denen dem Antrag der Staatsanwaltschaft stattgegeben wurde, überrascht nicht nur die fast hundertprozentige Übereinstimmung im Ergebnis, sondern vor allem auch die weitgehenden inhaltlichen Entsprechungen von staatsanwaltschaftlichen Anträgen und richterlichen Beschlüssen.

Obwohl die Staatsanwälte – anders als die Richter – vom Gesetz nicht dazu angehalten werden, ihre Anträge an den drei erwähnten gesetzlichen Kriterien auszurichten, werden die Anträge doch mehr oder weniger oft im Hinblick auf diese Erfordernisse formuliert. Erstaunlich ist nun, wie oft die Richter staatsanwaltschaftliche Anträge wortwörtlich übernehmen und sich zu eigen machen, auch wenn diese nur teilweise vollständig oder völlig unvollständig sind *(Graphik 29 und 30).*

Die erwartete eigenständige Bewertung des Antrags durch den Richter sinkt fast auf den Nullpunkt, wenn der Staatsanwalt nicht nur einen begründeten Antrag auf Telefonüberwachung stellt, sondern dem Antrag auch einen Beschlussentwurf beifügt, den der Richter nur noch zu unterschreiben braucht. Obwohl die von den Staatsanwälten „vorformulierten" Beschlüsse gegenüber den üblicherweise gestellten einfachen Anträgen qualitativ schlechter, weil weitaus öfter unvollständig waren (35,3 % zu 2,1 %), wurden sie in weit über 90 Prozent der Fälle dennoch wörtlich übernommen *(Graphik 28 und 30)*.

In Übereinstimmung mit diesem Befund hatten einige Staatsanwälte schon in den Interviews geäußert, dass man von einem Richter jederzeit jeden Beschluss bekommen könne, wenn man den Antrag nur mit einem entsprechenden Beschlussentwurf versehe.

Wie gering die richterlichen Korrekturleistungen gegenüber staatsanwaltschaftlichen Anträgen sind, bzw. wie sehr richterliche Beschlüsse auch inhaltlich von staatsanwaltschaftlichen Anträgen abhängig sind, zeigt Graphik 31:
Ist der Antrag der Staatsanwaltschaft gänzlich unvollständig, bringen die Richter ihn nur in 13 Prozent der Fälle auf den Stand der gesetzlichen Erfordernisse; ein Viertel der unvollständigen Anträge lassen sie dagegen ohne jede Beanstandung passieren. Umgekehrt schaffen die Richter es in 30 Prozent der Fälle, in denen die Anträge der Staatsanwaltschaft eine vollständige Begründung enthalten, diese durch ihre Bearbeitung zu „verschlechtern", indem sie die Begründung so abändern, dass sie nicht mehr den gesetzlichen Vorgaben für einen richterlichen Beschluss entspricht.

Der richterliche Verzicht auf eine eigenständige Kontrolle staatsanwaltschaftlicher Anträge ist insbesondere in den Landgerichtsbezirken mit größeren ländlichen Anteilen festzustellen. Hier genügen die richterlichen Beschlüsse in nur 5 Prozent der Fälle den gesetzlichen Anforderungen in vollem Umfang, da die Richter kleinerer Amtsgerichte mit der Behandlung von Anträgen auf Telefonüberwachung nur wenig vertraut sind *(Graphik 26)*.

Die von der Staatsanwaltschaft in Anspruch genommene *(Eil-)Kompetenz*, bei Gefahr im Verzug ohne richterliche Entscheidung eine Telefonüberwachung anordnen zu dürfen, stellt in der Tat die Ausnahme gegenüber der richterlichen Anordnung dar (20 %; *Graphik 34*).

Dabei lassen sich zwischen den einzelnen Bezirken allerdings gravierende Unterschiede feststellen, die vor allem auf die Erreichbarkeit der Ermittlungsrichter zurückzuführen sind *(Graphik 35)*. Der niedrigste Anteil der Inanspruchnahme von Eilkompetenz war in der Staatsanwaltschaft A zu beobachten, wo die Ermittlungsrichter wochentags bis 19.30 Uhr im Gericht zu erreichen sind. Untersucht man die Anwendung von Eilkompetenzen im einzelnen, so lässt sich feststellen, dass die Annahme von Gefahr im Verzug in den meisten Fällen inhaltlich aus der Akte nachvollzogen werden kann, dass eine ausdrückliche Dokumentation der Voraussetzungen in der Akte jedoch eher die Ausnahme darstellt *(Graphik 37)*. Auch hier ist wiederum eine erhebliche Diskrepanz zwischen den Landgerichtsbezirken zu beobachten *(Graphik 38)*. In diesem Zusammenhang fiel auf, dass die Staatsanwaltschaft sich, soweit aus der Akte ersichtlich, praktisch nie darum bemüht hat, einen Richter zu kontaktieren.

Im Rahmen der Interviews wurde festgestellt, dass für die Staatsanwälte und Polizeibeamten die Erreichbarkeit der Richter, d.h. ihre sichtbare Arbeitsbereitschaft, einen ganz wesentlichen Faktor für die Bewertung der Zusammenarbeit darstellt. Entscheidend in diesem Zusammenhang scheint allerdings auch die Frage zu sein, in welchem Umfang die Richter ihre gesetzlich vorgeschriebene Prüfungskompetenz durch Lesen der Ermittlungsakte tatsächlich ausüben. In manchen Landgerichtsbezirken wurden Ermittlungsakten von einzelnen Richtern oftmals kaum oder nur in Teilen gelesen.

Für die Frage, ob die Anordnung der *Telefonüberwachung „erfolgreich"* war, haben wir verschiedene Kriterien aufgegriffen, insbesondere, ob die auf die Telefonüberwachung gestützten Ermittlungen zu einer Anklage geführt haben *(Graphik 46)*.

Im Durchschnitt liegt die Anklagequote bei rund 60 Prozent. In weiteren 15 Prozent der Fälle war allerdings aus den Akten bis zum Ablauf des Projekts nicht ersichtlich, ob das Verfahren zu einer Anklage geführt hat, weil z.B. die Ermittlungen noch nicht abgeschlossen waren. Wenn man die Anklagequote abteilungsspezifisch betrachtet, so kann man feststellen, dass diese in den Bereichen der allgemeinen, der Betäubungsmittel- und der Kapitaldelikte besonders hoch ist.

Demgegenüber kam es in den Abteilungen zur Bekämpfung der Organisierten Kriminalität in rund 54 Prozent der Verfahren zu einer Anklage. Hier können jedoch nur begrenzte Aussagen gemacht werden, da in gut 23 Prozent dieser

Fälle der Ausgang des Verfahrens noch nicht feststand. Dies kann sowohl darauf beruhen, dass die Ermittlungen noch nicht abgeschlossen waren, als auch auf dem Umstand, dass das Verfahren als Strukturermittlungsverfahren geführt wurde. Unter Strukturermittlungsverfahren werden Verfahren gefasst, die als „Sammelverfahren" mit einer großen Beschuldigtenanzahl geführt werden, wobei das „Sammelverfahren" u.U. auch dann eingestellt wird, wenn die Ermittlungen gegen einige Beschuldigte hinreichende Anhaltspunkte für eine Anklage gezeigt haben. Gegen diese Beschuldigten werden dann jedoch neue Verfahren eröffnet. Der Ausgang dieser Verfahren ist jedoch aus einem vorliegenden Strukturermittlungsverfahren nicht zu ersehen. Als Indiz für den Erfolg einer Telefonüberwachung kann es auch gewertet werden, wenn aufgrund dieser Maßnahme Strukturerkenntnisse gewonnen werden, die zur Einleitung neuer Ermittlungsverfahren führen. Es hat sich gezeigt, dass dies etwa bei einem Drittel der Telefonüberwachungen der Fall ist.

Die Strafprozessordnung schreibt vor, dass die StA nach Abschluss der Telefonüberwachung die unmittelbar Betroffenen zu unterrichten hat, sofern nicht besondere Umstände vorliegen, die eine *Benachrichtigung* nicht angeraten erscheinen lassen. Eine ausdrückliche Benachrichtigung des Anschlussinhabers erfolgte in nicht einmal 3 Prozent der Fälle. Bei immerhin 50 Prozent der Telefonüberwachungen konnte allerdings davon ausgegangen werden, dass der Anschlussinhaber auf andere Weise, nämlich regelmäßig durch die Akteneinsicht des von ihm beauftragten Rechtsanwaltes, Kenntnis von der Maßnahme erlangt hatte. In rund 22 Prozent der Maßnahmen fand jedoch, soweit aus den Akten ersichtlich, eine Benachrichtigung des Beschuldigten nicht statt *(Graphik 53)*.

In den Interviews vertraten die Staatsanwälte die Ansicht, dass eine Benachrichtigung des Beschuldigten überflüssig sei, wenn in dem Verfahren ein Rechtsanwalt tätig war; dies sei auch dann anzunehmen, wenn nicht der Anschluss eines Beschuldigten, sondern der einer Kontaktperson überwacht wurde, für die kein Rechtsanwalt in dem Verfahren tätig war. Die Überwachung der Anschlüsse von Kontaktpersonen stieg von 39 Prozent (1996) kontinuierlich auf 65 Prozent (1998) *(Graphik 3 und 7)*. Die dazu befragten Polizeibeamten und Staatsanwälte gaben an, dass dies auf die zunehmende Nutzung von Mobiltelefonen und den damit einhergehenden Handytausch zurückzuführen sei, so dass zunehmend mehr „Kontaktpersonen" überwacht werden müssten.

Obwohl die Aktenanalyse einen hohen Anteil von teilweise oder völlig unzureichenden Beschlüssen zur Telefonüberwachung ergeben hat, waren dagegen gerichtete *Aktivitäten der Verteidigung* kaum festzustellen. In 88 Fällen wurden die Ergebnisse der Telefonüberwachung unmittelbar in die Hauptverhandlung eingeführt. Lediglich in rund 9 Prozent hiervon hat die Verteidigung der Einführung widersprochen.

Konfrontiert mit den Ergebnissen unserer Aktenanalyse haben verschiedene *Staatsanwälte* die Auffassung vertreten, dass die nahezu hundertprozentige Übereinstimmung der richterlichen Beschlüsse mit den Anträgen der Staatanwaltschaft auf Anordnung einer Telefonüberwachung eindrucksvoll belege, wie überflüssig der Richtervorbehalt im Zusammenhang mit der Telefonüberwachung in Wirklichkeit sei. Aus der hohen Quote der Übernahme ihrer Anträge in die richterlichen Beschlüsse sei nämlich zu folgern, dass ihre Anträge nicht nur qualitativ in Ordnung seien, sondern auch, dass die Richter keine neuen und eigenständigen Argumente beizusteuern vermöchten, so dass man auf sie letztlich auch gänzlich verzichten könne. Da der Richter in der Ermittlungssache ohnehin nicht „drin" sei, sich aufgrund der oft umfänglichen Aktenlage auch nur ein oberflächliches Bild machen könne, sei seine Einschaltung in die Ermittlungsmaßnahme eigentlich nur eine Farce; seine Beteiligung stelle eine zusätzliche Bürokratisierung des Ermittlungsverfahrens dar, die kostspielig, zeitaufwändig und völlig überflüssig sei, da die Staatsanwaltschaft bereits selbst die rechtlichen Voraussetzungen der Maßnahmen zutreffend geprüft habe. Richterliche Kontrolle im Zusammenhang mit Telefonüberwachungen sei nur ein rechtsstaatliches Alibi, praktisch laufe sie leer.
Demgegenüber sahen nur wenige Staatsanwälte ihre Rolle als „Partei", die mit dem Antrag auf Telefonüberwachung ein Verfolgungsinteresse artikuliere, über dessen Berechtigung ein Richter – unter Berücksichtigung auch anderer Interessen – entscheiden sollte.

Sofern sich *Richter zu unseren Untersuchungsergebnissen* äußerten, wehrten sie sich teilweise gegen den Vorwurf, ihre Beschlüsse seien nicht sorgfältig oder vollständig, mit dem Hinweis, dass die Entscheidungen im Ergebnis doch durchaus richtig sein könnten, auch wenn ihre Begründungen mangelhaft wären. Demgegenüber betonten einige Richter zu Recht, dass sie in ihren Entscheidungen nur zu prüfen hätten, ob die beantragte Ermittlungsmaßnahme gestattet werden könne, nicht aber, ob sie auch erfolgreich sei („Wir sind Gestattungs-, nicht

Ermittlungsrichter; für den Erfolg halten wir den Kopf nicht hin!"). Um dieser Prüfungspflicht zu genügen, müssten in jedem Fall die Ermittlungsakten vorgelegt werden sowie Rückfragen bei Staatsanwaltschaft und Polizei möglich sein, um sich ein „Plausibilitätsurteil" über den Antrag bilden zu können.

Weder Staatsanwälte noch Richter mochten sich die Ansicht zu eigen machen, dass der Richtervorbehalt als eine besondere Form des *Grundrechtsschutzes für die Betroffenen* anzusehen sei.

Sie vertreten vielfach die Auffassung, dass mit der Telefonüberwachung zwangsläufig ein Eingriff in die Grundrechte der Betroffenen verbunden sei, so dass letztlich für die Anordnung nur die mehr oder weniger sichere Annahme eines Tatverdachts ausschlaggebend sei. Vor diesem die Entscheidung leitenden Hintergrund verwundert es dann nicht, wenn z.B. der Anschluss einer Ex-Freundin des Beschuldigten überwacht wurde, weil nicht ausgeschlossen werden konnte, dass die schon über ein halbes Jahr zurückliegende Trennung der beiden nur „vorübergehender Natur" sei oder „nur zur Tarnung und Täuschung" vorgespiegelt werde. Ohne Bedenken wurde die Überwachung des privaten und geschäftlichen Anschlusses eines unbescholtenen Gastwirtes angeordnet, weil einzig und allein gegen ihn die vertrauliche Aussage eines drogenabhängigen V-Mannes vorlag, in seiner Kneipe „gehe die Musik ab". Telefonüberwachungen werden in diesen und ähnlichen Fällen nicht zur Konkretisierung, sondern zuallererst zur Generierung eines Tatverdachts eingesetzt; sie werden nicht auf bestimmte, sondern allenfalls mit „kriminalistischer Erfahrung" vage umschriebene „Tatsachen" gestützt, deren Validität niemand überprüfen kann.

In diesem Zusammenhang sei auch auf die durch Gesetz zur Änderung der Strafprozessordnung vom 20.12.2001 eingefügten §§ 100 g und h StPO hingewiesen. Diese Bestimmungen traten an die Stelle der mit Ablauf des 31.12.2001 außer Kraft getretenen Regelung des Fernmeldeanlagegesetzes (FAG), die es den Strafverfolgungsbehörden erlaubte, von den Telekommunikationsdiensten Auskünfte über *Telekommunikationsverbindungen* zu verlangen. Nach Auskunft von Telekommunikationsdiensten werden die neuen §§ 100 g, h StPO in großem Umfang von den Ermittlungsbehörden genutzt, da sie bei der Beschaffung von Beweismaterial (Indizien), zur Bestimmung des Standortes eines Beschuldigten oder zur Ermittlung der Tatzeit, vor allem aber zur Abklärung der Frage, ob und bezüglich welcher Person eine Telefonüberwachung erfolgreich sein könnte, als „zielführend" angesehen werden.

So wurde z.B. zur Ermittlung von Tätern eines Raubüberfalles, von denen die Polizei annahm, dass sie möglicherweise schon drei Tage vor der Tat in der Nähe des Tatortes zur Auskundschaftung der Örtlichkeiten über Handy telefoniert haben könnten, Auskunftserteilung nach §§ 100 g, h StPO angeordnet. Die in diesen Fällen mangels einer konkreten Handy-Nummer durchgeführte „Funkzellenabfrage" ergab allein bei einem einzigen Telekommunikationsdienst 13.847 Verbindungsdatensätze. In einem anderen Fall, in dem für fünf verschiedene Funkzellenbereiche für zwei Tage richterlich Auskunft angeordnet wurde, fielen bei einem einzigen Dienst über 17.000 Datensätze an. Da in beiden Fällen jeweils mehrere Telekommunikationsdienste zur Auskunft verpflichtet wurden, kann man davon ausgehen, dass – unter Berücksichtigung auch der Marktanteile der Netzbetreiber – insgesamt ca. 50.000 Verbindungen und mehr zur Aufklärung beider Taten an die Polizei mitgeteilt und anschließend gerastert wurden.

Die ebenso rasante wie exorbitante Inanspruchnahme der §§ 100 g, h StPO durch die Ermittlungsbehörden, die von den Telekommunikationsdiensten mit großer Besorgnis registriert wird, weil sie riesige Datenmengen zur Rasterauswertung weitergeben müssen, wird hier nur deshalb erwähnt, weil – nach Auskunft der Netzbetreiber – richterliche Entscheidungen höchst selten sind, die das Auskunftsbegehren der Staatsanwaltschaften wegen Verletzung des Verhältnismäßigkeitsgrundsatzes zurückweisen und es ablehnen, ohne nähere Begründung Tausende von Menschen als potentielle Täter oder Teilnehmer einer Straftat anzusehen, nur weil sie zu einer bestimmten Zeit in einer bestimmten Funkzelle mit einem Handy telefoniert haben.

Das vom Gesetzgeber mit dem Richtervorbehalt angestrebte Ziel, die Anordnung der Telefonüberwachung durch eine eigenständige richterliche Entscheidung prüfen zu lassen, damit der durch die Maßnahme erfolgte Grundrechtseingriff messbar und kontrollierbar bleibt, hat sich die Rechtspraxis bislang nicht zu eigen gemacht.

Der Staatsanwalt kann davon ausgehen, dass seinem Antrag auf Telefonüberwachung in der Sache stets entsprochen wird; selbst wenn er zum Tatverdacht oder zur Subsidiarität keine oder nur unzureichende Ausführungen macht, kann er durch entsprechende Vorformulierungen einen wortgleichen richterlichen Beschluss erhalten.

Auf die Belange der durch die Telefonüberwachung in ihren Rechten betroffenen Beschuldigten sowie der zunehmend – und noch öfter als die Beschuldigten selbst – abgehörten Kontaktpersonen wird nicht eingegangen. Richter fühlen sich nicht dazu aufgerufen, bei ihren Entscheidungen auch die Interessen der über die Telefonüberwachung naturgemäß nicht informierten Beteiligten in irgendeiner Weise zu berücksichtigen; es fehlt jegliche Sensibilität dafür, dass es sich hierbei um Grundrechtseingriffe handelt.

Die Erosion des Richtervorbehaltes bei der Telefonüberwachung ist nicht auf eine übermäßige oder unbegründete Inanspruchnahme von Eilkompetenzen durch Staatsanwaltschaften zurückzuführen, vielmehr auf den weitgehenden Verzicht der Richter selbst, die ihnen vom Gesetz aufgegebene eigenständige und grundrechtsorientierte Prüfung der staatsanwaltschaftlichen Anträge auf Telefonüberwachung vorzunehmen.

Da Telefonüberwachungen in Einzelfällen durchaus notwendig sind, ist eine *Verbesserung der rechtlichen Kontrolle* erforderlich. Die in unserer Untersuchung festgestellten Fehlentwicklungen in der bisherigen Praxis lassen sich korrigieren, wenn

- die richterliche Kontrollkompetenz künftig nur noch von ausschließlich mit Vorermittlungen befassten Amtsrichtern ausgeübt wird, die im Prinzip stets erreichbar sind und ihren Dienstort am Sitz der Staatsanwaltschaft haben;
- die richterlichen Beschlüsse die Entscheidungsgrundlage, wenn auch nur durch konkrete Bezugnahme auf entsprechende Aktenteile, ausweisen, die Verdachts- und Beweislage plausibel darstellen und die Belange der unmittelbar Betroffenen unter Berücksichtigung des Verhältnismäßigkeitsgrundsatzes nachvollziehbar reflektieren;
- die richterlichen Beschlüsse im Falle gravierender Fehlerhaftigkeit gegebenenfalls zur Unverwertbarkeit der Überwachungsergebnisse führen [23].

---

[23] dazu zuletzt BGH v. 01.08.2002 – 3 StR 122/02 = StV 2003, 2 ff. mit Anm. Schlothauer in StV 2003, 208

BIELEFELDER RECHTSSTUDIEN

Schriftenreihe für Gesetzgebungswissenschaft, Rechtstatsachenforschung und Rechtspolitik
Herausgegeben von Prof. Dr. Otto Backes, Prof. Dr. Stephan Barton,
Prof. Dr. Gerhard Otte, Prof. Dr. Martin Stock

Band 1 Ingrid Künzler: Macht der Technik – Ohnmacht des Rechts? Regelungsbedarf und Regelungsmöglichkeiten im Bereich Gentechnologie. 1989.

Band 2 Andreas Kondziela: Opferrechte im Jugendstrafverfahren. Legitimation und Grenzen aus theoretischer und empirischer Sicht. 1991.

Band 3 Dorothea Rzepka: Polizei und Diversion. Das Bielefelder Modell der Informationsvermittlung. 1993.

Band 4 Silvia Voß: Staatsanwaltschaftliche Entscheidung – Beeinflussung durch systematische Informationserweiterung? Die Umsetzung des Bielefelder Modellversuchs durch die Staatsanwaltschaft. 1993.

Band 5 Helmut Janssen: Die Praxis der Geldstrafenvollstreckung. Eine empirische Studie zur Implementation kriminalpolitischer Programme. 1994.

Band 6 Peter A. Peters: Das deutsche Insiderstrafrecht unter Berücksichtigung strafrechtlicher Konsequenzen für Kreditinstitute und prozessualer Durchsetzung. 1997.

Band 7 Olivia Lührmann: Tötungsrecht zur Eigentumsverteidigung? Eine Untersuchung des Notwehrrechts unter verfassungsrechtlichen, menschenrechtlichen und rechtsvergleichenden Gesichtspunkten. 1999.

Band 8 Marion Rosenke: Die rechtlichen Probleme im Zusammenhang mit der weiblichen Genitalverstümmelung. 2000.

Band 9 Dagmar Spona: Laienbeteiligung im Strafverfahren. Eine rechtssoziologische Untersuchung zur Funktion der Laienbeteiligung im Strafprozess. 2000.

Band 10 Stefan Vogelsang: Die Bedeutung erfolgreicher Verfahrensrügen für das nachfolgende tatrichterliche Urteil. Eine rechtstatsächliche Untersuchung der Aufhebungsentscheidungen des Bundesgerichtshofs in Strafsachen der Jahre 1992 und 1993 sowie der entsprechenden tatrichterlichen Urteile. 2001.

Band 11 Georg Zimmermann: Staatliches Abhören. 2001.

Band 12 Thomas Schwarz: Die eigene Sachentscheidung des BGH in Strafsachen (§ 354 Abs. 1 StPO). Eine normativ-empirische Studie. 2002.

Band 13 Pamela Siebrasse: Strafregistrierung und Grundgesetz. Zur Verfassungsmäßigkeit der Straf(verfahrens)registrierung in BZRG, StPO, BKAG und BGSG. 2002.

Band 14 Silke Maria Fiedeler: Das verfassungsrechtliche Hoffnungsprinzip im Strafvollzug – ein hoffnungsloser Fall? Grundlagen, Grenzen und Ausblicke für die Achtung der Menschenwürde bei begrenzter Lebenserwartung eines Gefangenen. 2003.

Band 15 Julia Nolting: Die Befreiung des Vorerben über die Grenzen des § 2136 BGB hinaus. Das bedingte oder befristete Vorausvermächtnis als Rechtsinstitut zur umfassenden Befreiung des Vorerben. 2003.

Band 16 Kristina Groth: Unbewusste Äußerungen und das Verbot des Selbstbelastungszwangs. 2003.

Band 17 Otto Backes / Christoph Gusy: Wer kontrolliert die Telefonüberwachung? Eine empirische Untersuchung zum Richtervorbehalt bei der Telefonüberwachung. Unter Mitarbeit von Maik Begemann, Siiri Doka und Anja Finke. 2003.

Georg Zimmermann

Staatliches Abhören

Frankfurt/M., Berlin, Bern, Bruxelles, New York, Oxford, Wien, 2001.
XXXII, 327 S.
Bielefelder Rechtsstudien. Schriftenreihe für Gesetzgebungswissenschaft, Rechtstatsachenforschung und Rechtspolitik. Bd. 11
Verantwortlicher Herausgeber: Otto Backes
ISBN 3-631-38032-1 · br. € 57.–*

Die staatlichen Befugnisse zum heimlichen Abhören von Gesprächen waren in den letzten Jahren Gegenstand heftiger politischer Debatten, die insbesondere die Einführung des sogenannten „großen Lauschangriffs" zum Gegenstand hatten. Zugleich ist aber die tatsächliche Reichweite der einschlägigen Befugnisregelungen selbst in der juristischen Fachwelt nur einem kleineren Kreis von Spezialisten bekannt. Die vorliegende Arbeit soll die historische Entwicklung aufzeigen, die die entsprechenden Befugnisse der Sicherheitsbehörden seit der Gründung der Bundesrepublik Deutschland genommen haben; zugleich soll der heute erreichte Regelungsstand systematisiert werden. Besonderes Augenmerk gilt dabei der Frage, inwieweit die durch heimliches Abhören gewonnenen Erkenntnisse einer Verwertung im Strafprozeß zugänglich sind.

Aus dem Inhalt: Entwicklung der staatlichen Befugnisse zum heimlichen Abhören von Gesprächen seit der Gründung der Bundesrepublik · Notstandsgesetzgebung zu Art. 10 GG · Ausweitung nachrichtendienstlicher Befugnisse bis zur „verdachtslosen Rasterfahndung" des Auslandstelefonverkehrs · Präventiv-polizeiliche Gesprächsüberwachung · Telefonüberwachung durch das Zollkriminalinstitut

Frankfurt/M · Berlin · Bern · Bruxelles · New York · Oxford · Wien
Auslieferung: Verlag Peter Lang AG
Moosstr. 1, CH-2542 Pieterlen
Telefax 00 41 (0) 32 / 376 17 27

*inklusive der in Deutschland gültigen Mehrwertsteuer
Preisänderungen vorbehalten
Homepage http://www.peterlang.de